W9-ATL-963

OBJECTIF FRANCE

INTRODUCTION TO FRENCH

AND THE FRANCOPHONE WORLD

Abridged Edition

Alan Rosenthal
Marie de Verneil
Claud DuVerlie

WILEY

Custom Services

Copyright ©2002 by John Wiley & Sons, Inc.

All rights reserved.

Reproduction or translation of any part of this work beyond that permitted by Sections 107 and 108 of the 1976 United States Copyright Act without the permission of the copyright owner is unlawful. Requests for permission or further information should be addressed to the Permission Department, John Wiley & Sons.

Printed in the United States of America.

ISBN 0-471-23552-0

Objectif France

INTRODUCTION TO FRENCH AND THE FRANCOPHONE WORLD

ALAN ROSENTHAL   *University of Maryland, Baltimore (UMBC)*

MARIE DE VERNEIL   *University of Maryland, Baltimore (UMBC)*

CLAUD DUVERLIE   *University of Maryland, Baltimore (UMBC)*

France 2

...supports
SYSTEME-D
Writing Assistant for French

Editorial Director:	Petra Hausberger
Marketing Manager:	Cheryl Carlson
Senior Production Editor:	Barbara Browne
Managing Developmental Editor:	Beth Kramer

Also participating in the publication of the program were:

Publisher:	Stanley J. Galek
Vice President, Production:	Erek Smith
Editorial Production Manager:	Elizabeth Holthaus
Assistant Editor:	Amy Jamison
Manufacturing Coordinator:	Jerry Christopher

Project Manager:	Anita L. Raducanu/A+ Publishing Services
Interior Design:	ImageSet Design
Cover Design:	ImageSet Design
Cover Illustration:	Karen Watson
Illustrations:	Peter Bianco/BiancoMarchilonis Design
Maps:	Magellan Geographix

Library of Congress Cataloging-in-Publication Data

Rosenthal, Alan, 1938–
      Objectif France : introduction to French and the francophone world
/ Alan Rosenthal, Claud DuVerlie, Marie de Verneil.
            p.   cm.
      English and French.
      ISBN 0-8384-3736-2
      1. French language--Textbooks for foreign speakers--English.
2. French-speaking countries--Civilization--Problems, exercises,
etc.   3. French language--Readers--French-speaking countries.
I. DuVerlie, Claud.   II. Verneil, Marie de.   III. Title.
PC2129.E5R67 1992   92-33450
448.2'421--dc20   CIP

Copyright © 1993

All rights reserved. No part of this publication may be reproduced or transmitted in
any form or by any means, electronic or mechanical, including photocopy, recording,
or any information storage and retrieval system, without permission in writing from
the publisher.

Manufactured in the United States of America.

10 9 8 7 6 5 4 3 2 1

table des matières

SÉQUENCES		PLANS		STRUCTURES	
1ère Séquence: Qui sont-ils?	13	A.	Les enfants et les adultes Comment compter les gens (les nombres de 0 à 10)	1. 2.	Indicating: **c'est, voilà, il y a** Indefinite articles, gender, and number
2ème Séquence: Qu'est-ce qu'ils portent?	20	B.	Les vêtements et les couleurs	3. 4.	Subject pronouns Present tense of regular **-er** verbs
3ème Séquence: La description	26	C.	L'aspect physique et le visage	5.	Describing with adjectives: agreement of gender
4ème Séquence: Comment sont-ils?	31	D.	La personnalité	6.	Describing with adjectives: agreement of number

pour commencer

Taking a first look at the French language and the French-speaking world

Learning a few terms for greetings and getting acquainted

◢ WHY FreNch?

Many people study French because they find the language beautiful. Although this is reason enough to learn French, there are other things to consider.

French was long the world's dominant language for political and cultural affairs. Popes, German rulers, Russian czars, and America's founding fathers spoke French. The United States Constitution was influenced by French political philosophy. The Austrian ultimatum to Serbia, which touched off World War I, was written in French. Today, French is one of the few languages spoken on every continent of the globe. Over 120 million people worldwide are speakers of French.

HAÏTI

LA BELGIQUE

LE QUÉBEC

LE SÉNÉGAL

LE MAROC

LE VIETNAM

Activité

PARLEZ-VOUS FRANÇAIS? As a result of the historic influence of France and its language, a number of French political, diplomatic, and military terms have been incorporated into the English language (and into other languages, as well). Do you know the meaning of the following expressions?

1. liaison
2. attaché
3. fait accompli
4. coup d'état
5. espionage
6. surveillance
7. reconnaissance
8. esprit de corps
9. aide-de-camp
10. sortie

 WHY FRANCE?

France has the world's fourth largest economy. As the philosophical and political nerve center of the European Community, it is a key player in this gigantic new market. It also occupies one of the five permanent seats on the Security Council of the United Nations, where French is one of the two official languages.

France is one of the world's leaders in technology. It is famous for its public transportation systems, telecommunications, nuclear energy, medical and pharmaceutical research, and aerospace industry. French helicopters are used by American emergency medical units. A French high-speed train line is being built in Texas. And France is developing videophones that will eventually be exported abroad.

Activités

A. LA FORCE ÉCONOMIQUE. Do you know the following names? What products or services do they provide?

1. TGV
2. Airbus Industrie
3. Arianespace
4. Pechiney

5. Michelin
6. Aérospatiale
7. Club Med
8. Méridien

SOFITEL
2e GÉNÉRATION,
L'ESPRIT
D'OUVERTURE.

Hotel Sofitel Paris CNIT.
Le meilleur de l'hôtellerie
au cœur des affaires.

Unique par sa situation sous la coupole et face à la Grande Arche, le Sofitel Paris CNIT constitue par excellence l'adresse prestigieuse, au cœur de Paris-La Défense, du premier Centre européen des affaires.

A cinq minutes de l'Étoile, votre chambre ou votre suite est conçue dans les moindres détails pour optimiser vos parenthèses de détente comme vos moments forts de travail.

Venez ici savourer en privilégié, et vingt-quatre heures sur vingt-quatre, l'accueil raffiné de la grande hôtellerie de tradition.

En prime, l'exceptionnelle infrastructure du CNIT et de ses lieux de rencontre et d'échange : Centre des Congrès et Expositions, World Trade Center, Club Sari Affaires, Infomart...

Hotel Sofitel Paris CNIT - 2, place de la Défense - CNIT BP 210 - 92053 Paris-La Défense

Hotel Sofitel Toulouse Centre.
Tout retrouver
pour mieux se retrouver.

En plein centre de la capitale occitane, tout près de la place Wilson et de la gare Matabiau, les chambres et les suites du Sofitel Toulouse Centre ont fait la conquête des dirigeants d'entreprise, grâce à des conditions de travail et de repos qui frisent la perfection.

En déplacement, ils sont nombreux à s'y retrouver pour en faire successivement, selon les moments et les heures, leur deuxième bureau ou leur deuxième maison.

Quant à vos partenaires et clients, ils sauront bien faire la différence.

Personne n'appréciera mieux qu'eux les grandes et petites attentions d'une hôtellerie "à la française" : voituriers, concierge, bagagistes et room-service vingt-quatre heures sur vingt-quatre.

Hotel Sofitel Toulouse Centre
84, allées Jean Jaurès - 31000 Toulouse

Hotel Sofitel
—INTERNATIONAL—
Réservation Centrale RESINTER - (1) 60 77 27 27

B. LES PRODUITS FRANÇAIS.
France and the United States enjoy close economic ties. There are over 2,000 subsidiaries of American companies in France, and over 600 subsidiaries of French firms in the U.S. French products are highly esteemed the world over.

Here are the names of some French companies. What do they make?

1. Waterman
2. Chanel
3. Rossignol
4. Hermès
5. Baccarat
6. Bic
7. Lacoste
8. Cointreau
9. Danone (Dannon)
10. LU

Can you think of other French brand names that are widely sold in the United States?

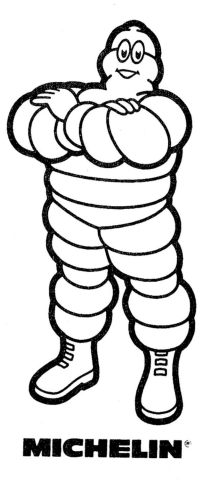

MICHELIN®

✍ Understanding Spoken French

LISTENING AND UNDERSTANDING

Listening comprehension is an essential building block of speech production. Your most important task in the early stages of learning French is to listen carefully to the French you hear — from your instructor, from audiotapes and videotapes, and from other sources. Listen for meaning. Don't worry if you do not understand every word. Try to grasp the general idea of what is being said. Individual words will soon fall into place.

SOUND AND SPELLING

A good many words in English and French are spelled the same way (or almost the same) and mean the same thing. However, the languages *sound* quite different. In French, not only individual words but also groups of words and whole sentences are pronounced in a manner that is unfamiliar to speakers of English.

THE SOUND OF FRENCH

To native speakers of English, spoken French seems like an unbroken chain of sound. This is because words within a group are linked together and the rhythm of the language is even. Words in English sentences, on the other hand, are often separated when pronounced, and the rhythm is less even — compared to French, it's rather jerky. Also, the tone rises and falls more in English than in French, which sounds flatter by comparison. The result is that the individual words in a sentence can be more difficult to distinguish in French than in English.

Compare the following sentences, as they are pronounced by your instructor:

The train / arrives / in Nice / at six / o'clock / in the morning.
Le train arrive à Nice à six heures du matin.

The French sentence is pronounced something like this:

LetrainarrivaNice / asixheurdumatin.

HOW TO LISTEN

The trick is to listen for whole groups of words at a time and to try to derive as much meaning as possible from them. As was said above, listen for the gist. At first, you might distinguish only:

train / arrive / Nice / six / matin

Actually, this is enough linguistic information for you to understand the meaning of the sentence. As you gain experience in listening to spoken French, you will be able to recognize the sounds that make up individual words, and then the words that make up the sentence.

🔖 ʃpeɑkiNɡ FreNcH

LEARNING TO SPEAK

You cannot learn to speak French simply by reading explanations in a book. You learn by listening as others speak the language and by imitating and practicing. The process does not take place overnight. You will master some words and speech patterns quickly, while others will remain elusive for quite some time. The more you hear and use French, the faster you will improve your speaking ability.

Do not be discouraged if you have difficulty pronouncing certain sounds or if the rhythm and tone of your spoken French do not seem authentic. Continued experience in listening and speaking will eventually result in better pronunciation. Your primary goal as a first-year student should be to pronounce well enough to communicate messages, needs, and feelings in a manner that can be understood by a native speaker of French.

PRONUNCIATION AND SPELLING

In French, as in English, you cannot assume that words will be pronounced the way they look. Letters are sometimes silent — consider the *k* in *knight, knee,* or *knife,* for example. Silent letters occur far more frequently in French. However, French pronunciation is much more regular than English. With few exceptions, once you have learned the sound represented by a certain spelling, you have learned it for good. For example, the sound **au** is always pronounced like a shortened version of [owe]:

chaud, Claude, autorisation, Renault, inaudible, Saumur

Compare this to the irregularities of English pronunciation, which frustrate so many foreigners. For instance, how does one pronounce *ough?* Look at the following:

although	through	rough	ought	bough	cough
[owe]	[oo]	[uf]	[awe]	[ow]	[awf]

The difficulties you encounter in learning to match French sounds and spellings should not be as great as those experienced by a French speaker who is studying English.

LISTENING AND PRACTICING

Pay attention to the sound of French. Try to imitate the sound of the words you learn, as well as the way the words are put together to form phrases and sentences. Do not be afraid to make mistakes. Language learning is a process of trial and error.

TO HELP YOU

In addition to providing authentic audio and video material for you to work with, **OBJECTIF FRANCE** helps you with pronunciation in two ways. First, the text provides numerous *Pronunciation notes*, generally found in the margins, that point out any unusual pronunciation features of the material being presented. Second, the workbook has a series of special sections on pronunciation, *Problèmes de prononciation,* that call to your attention items of special difficulty for speakers of English and provide suggestions for mastering these difficulties.

reading and writing French

While French uses the same alphabet as English, there are certain distinctive spelling marks that occur in written French. These marks sometimes change the pronunciation of a word, sometimes affect its meaning, and sometimes neither. At any rate, they are an integral part of the words in which they appear and *must* be included when you write them.

Here are the marks you will see as you read French:

accent aigu	é	André, désagréable
accent grave	è, à, ù	derrière, à gauche, où
accent circonflexe	â, ê, î, ô, û	l'âge, la tête
tréma	ë, ï	Joël, naïve
cédille	ç	le garçon

PRONUNCIATION NOTES

- The letter **c** is pronounced like **k** when it comes before **a**, **o**, and **u**; it is pronounced like **s** when it comes before **e** and **i**. With a **cédille**, a **c** is pronounced like **s** regardless of the letter that follows.

- A **tréma** usually means that two consecutive vowels will be pronounced separately, rather than combined into one sound.

- The **accent circonflexe** over a vowel often serves an historical purpose, reminding us that centuries ago an **s** followed the vowel. Restoring the **s** frequently brings us closer to the English equivalent: **hôpital** → *hospital*.

Activités

A. LA PRONONCIATION. Complete the following listening activities.

1. Listen as your instructor pronounces the words listed above that contain accents or other special marks. Try to find each word or name as you hear it.

2. Listen as your instructor pronounces the same words again. This time, pay attention to where the stress falls. Can you come up with a general rule about where French tends to place the stress?

B. L'ALPHABET. Complete the following listening activities.

1. Listen as your instructor pronounces the French alphabet. Try to imitate the sound of each letter as you hear it.

2. Your instructor will pronounce various letters of the alphabet at random. Write down those that you hear. How many did you identify correctly?

C. DICTÉE. Your instructor will spell in French the names of several famous people. Write the letters you hear. Try to be the first to guess each person's identity.

Faisons connaissance
(Let's get acquainted)

There are certain things you can easily learn to say in a foreign language without any formal instruction or explanation. Here are some useful terms for greetings and getting acquainted. We will look at them more thoroughly in Chapter 3. For now, listen carefully as your instructor pronounces the following exchange. Then try to imitate what you hear.

Paul Richard and Louise Manet do not know each other. They are meeting for the first time at a professional conference. They introduce themselves and ask how the other person is doing.

PAUL: Bonjour, Madame.

LOUISE: Bonjour, Monsieur.

PAUL: Je m'appelle *(My name is)* Paul Richard.

LOUISE: Louise Manet.

PAUL: Enchanté *(Pleased to meet you)*, Madame.

LOUISE: Enchantée, Monsieur.

PAUL: Comment allez-vous *(How are you)?*

LOUISE: Bien *(Well)*, merci, et vous?

PAUL: Très bien, merci.

(Later, saying good-bye)

PAUL: Au revoir *(Good-bye)*, Madame.

LOUISE: Au revoir, Monsieur.

A. LISTENING COMPREHENSION.
Your instructor will pronounce parts of the conversation on page 9. Try to place each exchange you hear in the proper speech category:

- Saying hello
- Telling one's name
- Saying that one is happy to meet the other person
- Asking how the other person is
- Saying good-bye

B. FAISONS CONNAISSANCE.
Using the conversation on page 9 as a model, go around the room and meet your classmates. Say hello, introduce yourselves, and say good-bye. If you wish, you may ask how the other person is. Don't forget to shake hands — the French do so more than Americans when they greet one another. And don't forget to say hello to your instructor.

chapitre 1

Les gens

Naming people

Counting people

Describing people by their clothing, appearance, personality, and affect

Mise en scène Mise en forme

Voilà un petit
garçon. C'est Michel.

C'est Monsieur
Boileau. Il porte un chapeau
et une chemise.

Michel porte un
short rouge et jaune
(red and yellow).

Des enfants heureux.
Où sont-ils?
Ils sont dans le pré.

C'est une petite
fille. C'est Sylvie.
Elle mange un biscuit.

Un, deux,
trois, quatre, cinq, six,
sept enfants. Dans un grenier.

DO THESE PEOPLE LOOK FRENCH TO YOU? COULD THEY BE TAKEN FOR AMERICANS? WHY OR WHY NOT?

QUI SONT-ILS?

Les enfants et les adultes

—C'est une fille.
—Qui est-ce? *(Who is it?)*
—C'est Sylvie.

—Regardez! C'est un garçon.
—Qui est-ce?
—C'est Michel.

Sylvie et Michel sont des enfants. Ce sont des enfants.

—Regardez! C'est un homme.
—Qui est-ce?
—C'est Monsieur Boileau.

—C'est une femme.
—Qui est-ce?
—C'est Mademoiselle Brion.

—C'est une femme.
—Qui est-ce?
—C'est Madame Martinat.

Monsieur Boileau, Mademoiselle Brion et Madame Martinat sont des
adultes. Ce sont des adultes.

Note culturelle

FORMS OF ADDRESS

There is no French equivalent of *Ms.* A married woman is referred to as **Madame**, and an unmarried woman, as **Mademoiselle**. (A single woman over 30 might be addressed as **Madame**, however.)

French speakers address one another quite often as **Monsieur**, **Madame**, or **Mademoiselle** without using a last name—much more than Americans say *Sir, Ma'am,* or *Miss.* The French do not address a person they do not know by his or her first name. Compare the following greetings:

FRANÇAIS: Bonjour, Monsieur! Bonjour, Madame!
AMÉRICAIN: Hello! Hello, Ms. Fields!

The French custom is helpful if you cannot remember the name of someone you recently met. When you know a person well enough, you will certainly remember his or her name and use it in a greeting.

Do you think that this custom might reveal some of the differences in the way people relate to one another in each culture?

Activité

QUI EST-CE? Look at the following pictures. Say each person's name, then tell whether each person is a man, woman, boy, or girl.

 **Charles**

  C'est Charles.
C'est un garçon.

1. **Madame Martin**

2. **Jean-Pierre**

3. **Monsieur Gourmont**

4. **Mademoiselle Lagarde**

5. **Caroline**

Comment compter les gens (les nombres de 0 à 10)

Voilà **deux** hommes.

Voilà **trois** femmes.

Il y a *(there are)* **cinq** personnes (deux + trois).

Voilà **quatre** garçons.

Voilà **deux** filles.

Il y a **six** personnes (quatre + deux).

0	zéro		
1	un	6	six
2	deux	7	sept
3	trois	8	huit
4	quatre	9	neuf
5	cinq	10	dix

Activités

A. NUMÉROS DE SÉRIE. Pronounce the following serial numbers of household appliances.

4793250   30862   915048   1085397

B. ARITHMÉTIQUE. Work in pairs. Read a problem out loud and have your partner give the answer. Switch roles. Then make up your own problems and have your partner solve them. Make sure the answers are between 0 and 10.

+ = et   − = moins

1. 6 + 3
2. 9 − 5
3. 2 + 1
4. 5 + 3

5. 7 + 3
6. 10 − 4
7. 4 − 3
8. 8 − 8

C. JEU DE DEVINETTE (Guessing game). Work in small groups. One of you writes a number from 0 to 10 on a slip of paper, hiding it from the others. The rest try to guess the number. The person who guesses correctly then thinks of the next number for the group to identify.

Indicating: *c'est, voilà, il y a*

To indicate people or things, you may use the following expressions.

C'est	He/She/It is	Voilà	There is/are
Ce sont	They are	Il y a	There is/are

C'est or **ce sont** tells who or what.

Voilà serves to point out someone or something.

Il y a indicates an existing condition.

C'est un garçon!	*It's a boy!*
C'est une Lamborghini.	*It is a Lamborghini.*
Ce sont des enfants.	*They are children.*
Voilà Monsieur Boileau.	*There is Mr. Boileau.*
Il y a quatre personnes dans l'auto.	*There are four people in the car.*

exercices

A. QUI EST-CE? Identify the following individuals according to the cues given.

 le premier président américain
C'est George Washington.

1. le grand empereur français *C'est Napoléon.*
2. le président russe *C'est Putin*
3. la reine *(queen)* d'Angleterre
4. le roi *(king)* du rock and roll *C'est Elvis.*
5. une religieuse, la sainte de Calcutta

B. COMBIEN? Count the men, women, boys, and girls in the following pictures.

Il y a un homme et trois femmes.

1.

six
une

2.

Il y a quatre hommes
quatre trais femmes
jeunes

3.

trois

4.

Indefinite articles, gender, and number

Every noun in French is either masculine or feminine. There is no sure method of determining a noun's gender. You will learn gender through practice, as you hear nouns, read them, and use them in speaking and writing.

Articles indicate the gender of nouns. To make learning gender easier, always think of a noun together with its indefinite article *(a, an* in English). For example, think of **une femme** instead of just **femme**. Articles are always included when vocabulary is presented in this text.

The indefinite article **un** signals a masculine noun. Note that the **n** is pronounced only before a word that begins with a vowel sound.

un garçon   **un** enfant

The indefinite article **une** signals a feminine noun.

une femme   **une** auto

The indefinite article **des** is the plural form of both **un** and **une.** It is used with all plural nouns, regardless of gender. Note that the **s** is pronounced (like a **z**) only before a word that begins with a vowel sound.

des bananes   **des** oranges

The article **des** corresponds roughly to the English words *some* or *any.* Although these words are sometimes omitted in English, **des** must be used before French plurals.

Voilà **des** jeans.   *There are **some** blue jeans.*
Ce sont **des** enfants.   *They are children.*

Pronunciation note: You make most nouns plural by adding an **s,** although the **s** is usually not pronounced. In spoken French, it is the article before the noun that tells you whether it is singular or plural: **un** garçon, **des** garçons.

exercices

A. LES GENS. Look at the following pictures. Tell whether each person is a man, woman, boy, or girl.

un slip: underpants
culotte
soutien-gorge = a bra
maillot = sleeveless undershirt

Monsieur Ledoux

🔲 C'est *un homme.*

Monsieur Bertin   **Madame Ortelli**   **Mademoiselle Fontanet**   **Patrick**   **Pauline et Marie**   **Madame Boileau et Mademoiselle Dufresne**

1. C'est ____.   2. C'est ____.   3. C'est ____.   4. C'est ____.   5. Ce sont ____.   6. Ce sont ____.

B. ASSOCIATIONS. Match each person, place, or object on the left with one of the expressions on the right. Use **C'est** or **Ce sont.** Write your answers.

🔲 Chanel No. 5
C'est un parfum.

Burt Reynolds et Gérard Depardieu
Ce sont des acteurs.

1. «Calvin Klein»
2. la Bastille
3. des bananes et des oranges
4. Diana
5. la Peugeot 204
6. le Louvre
7. une tarte et une mousse au chocolat
8. Napoléon
9. Julia Roberts et Isabelle Huppert
10. le Ritz

une prison
des actrices
une auto
un jean
des desserts
un empereur
des fruits
un hôtel
un musée d'art
une princesse

C'est un jean.
C'est une prison.
Ce sont des fruits.

Voilà Monsieur Boileau.
Que porte Monsieur Boileau?
Il porte un chapeau et
une chemise.

Regardez Michel!
Que porte Michel?
Michel porte un short et
un tee-shirt.

plan b

Les vêtements et les couleurs

LES VÊTEMENTS

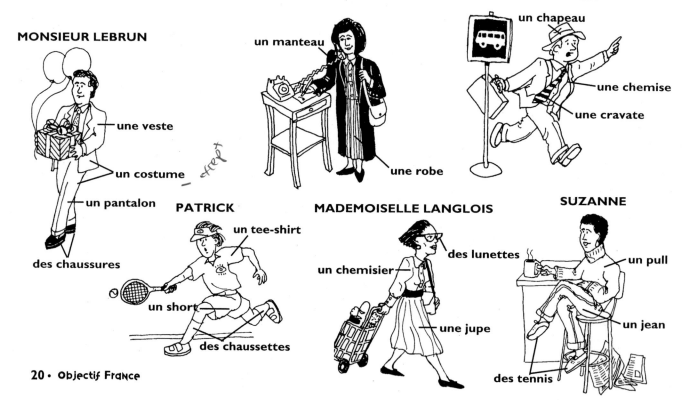

MONSIEUR LEBRUN

— une veste
— un costume
— un pantalon
des chaussures

MADAME NIZET

un manteau
— une robe

MONSIEUR NIZET

un chapeau
— une chemise
— une cravate

PATRICK

un tee-shirt
un short
des chaussettes

MADEMOISELLE LANGLOIS

des lunettes
un chemisier
— une jupe

SUZANNE

— un pull
— un jean
des tennis

Activités

A. QU'EST-CE QUE C'EST? *(What is it?)* Name the article of clothing that you see in each picture.

◆ RAPPEL *(Reminder):*
C'est un(e)...
Ce sont des...

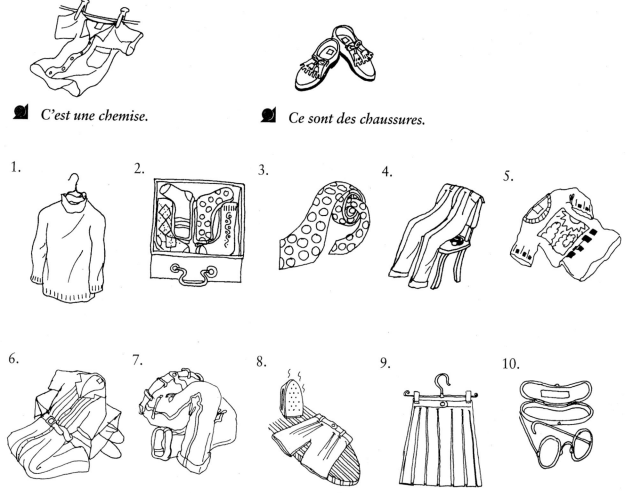

🔊 *C'est une chemise.*

🔊 *Ce sont des chaussures.*

1.   2.   3.   4.   5.

6.   7.   8.   9.   10.

B. QU'EST-CE QU'ILS PORTENT? Imagine what the people in the following situations might be wearing.

1. It is summer, and Jacques is sailing on a boat.
2. Monsieur Nizet is at work in the office.
3. Madame Nizet is taking a walk on a cold day.
4. Mademoiselle Langlois is teaching a secondary school class.
5. Patrick and Suzanne are playing a board game at home.

LES COULEURS

rouge	red		**marron**	brown
bleu	blue		**noir**	black
vert	green		**blanc**	white
jaune	yellow		**gris**	gray
orange	orange		**rose**	pink
violet	purple			

Activités

A. LES PRÉFÉRENCES. List the colors you like (**J'aime...**) and dislike (**Je déteste...**).

> *J'aime le rouge.*
> *Je déteste le bleu.*

B. LES CAMARADES. Work in small groups. Together, list the articles of clothing that each member of your group is wearing. Include color. Then take turns reading your lists to the class. Have the class guess who is wearing the outfits you describe.

> *La personne porte...* (clothing and colors).
> *C'est...* (name).

C. UN ENTRETIEN (An interview). Put together an ideal outfit for a job interview. Include colors.

1. Un homme porte...
2. Une femme porte...

Structure 3

Subject pronouns

Subjects of verbs can be people or things. They can be proper names (Charles, Monsieur et Madame Boileau), nouns (un garçon, une robe), or pronouns (je, elle, ils). Here are the subject pronouns in French.

je	*I*		nous	*we*
tu	*you* (s.)		vous	*you* (s. and pl.)
il/elle	*he/she/it*		ils/elles	*they*

The pronoun **il** stands for a masculine subject, and the pronoun **elle** stands for a feminine subject. The plural pronoun **ils** can represent a group of two or more males as well as a mixed group. It must be used to describe a group that has even one male member. The plural pronoun **elles** represents only an all-female group.

Pronunciation note: The final **s** of the plural pronouns is usually silent.

🌐 Note culturelle

TU OR VOUS?

There are two ways of addressing a person in French: **tu** and **vous.** The choice of pronoun depends upon the nature of the relationship between the two people speaking. **Tu** implies a degree of familiarity and is used among family members, friends, and classmates. It is also used by adults when they speak to children or young teenagers and by people of any age to talk to animals.

Vous is used in more formal relationships or to show respect. An adult native speaker of French would be taken aback, even insulted, to be addressed as **tu** by someone with whom he or she was not on familiar terms. It is always safer to use **vous**, until requested by your French-speaking acquaintances to switch to **tu**.

Vous is used for all plurals, regardless of the nature of the relationship. For example, a mother would address each of her children as **tu** but would use **vous** to call them all inside.

Present tense of regular -er verbs

French verbs change their form to agree with the *person* (first, second, or third) and *number* (singular or plural) of their subject. This change occurs in the verb ending. The majority of French verbs are regular—that is, they belong to a *conjugation* (group) that follows the same pattern of endings. If you can conjugate one verb in the group, you can conjugate them all. The more you listen and practice speaking, the more natural conjugation becomes.

By far the largest number of regular verbs are those whose infinitives end in -er. You have already used one of them: **porter.**

To conjugate regular -er verbs, first drop the -er ending to find the *stem.* To this stem, add the appropriate ending for person and number. Look at how this works for the verb **porter.**

port~~er~~	
je porte	nous portons
tu portes	vous portez
il/elle porte	ils/elles portent

You have also used the -er verbs **aimer** *(to like, love)* and **détester** *(to dislike).* Compare their endings with those of **porter.**

> J'aime les bananes.
> Françoise déteste les carottes.
> Nous aimons le chocolat.
> Vous détestez Jean-Michel?

Pronunciation notes:
- The pronoun je becomes **j'** before a vowel sound: **J'aime Paris.**
- The final s in **nous, vous, ils,** and **elles,** normally silent, is pronounced like a z before a vowel sound: **Nous aimons Montréal.**
- All singular verb forms, as well as the third-person plural (**ils/elles**) form, are pronounced alike. Their endings are all silent. Only the endings for the **nous** and **vous** forms are pronounced. Therefore, **il porte** and **ils portent** sound identical. You will know by the context whether the speaker is referring to one or more people.

SOME VERBS ENDING IN -ER

admirer	to admire	manger	to eat
adorer	to adore	porter	to wear
aimer	to like, to love	regarder	to look (at)
détester	to dislike	toucher	to touch
écouter	to listen (to)		

exercices

A. ÉCRIVEZ LES VERBES. Finish each sentence. Use the proper form of the verb in parentheses. Write your answers.

1. M. Weber ___porte___ un costume bleu. (porter)
2. Sylvie et Pauline ___admirent___ les films américains. (admirer)
3. Monsieur et Madame Martin ___adorent___ le théâtre. (adorer)
4. Elle ___déteste___ le football. (détester)
5. Ils ___regardent___ la télévision. (regarder)
6. Une femme ___écoute___ la radio. (écouter)
7. Un enfant ___mange___ une banane. (manger)

B. CHOIX DE VERBES. For each sentence, select an appropriate verb from this list and use it in its proper form. Do not repeat any verb. Some sentences may have more than one possible response.

admirer / adorer / aimer / détester / écouter / porter / regarder

1. Vous ___regardez___ la télévision?
2. Tu ___portes___ une robe magnifique!
3. Jacques ___écoute___ la radio.
4. Géraldine ___déteste___ le président.
5. Nous ___aimons___ Papa.
6. Je (J') ___adore___ le cinéma.
7. Monsieur Boileau ___admire___ San Francisco.

écouter to listen to

J'écoute   nous écoutons
tu écoutes   vous écoutez
il écoute   ils écoutent

C. QUE PORTEZ-VOUS? What are you wearing? Name as many of these articles of clothing as you can. Include colors.

📖 *Je porte...*

D. ET VOTRE CAMARADE? Work in pairs. Tell your partner what he or she is wearing. Use **tu.**

📖 *Tu portes...*

E. LES PRÉFÉRENCES. Work in pairs. Interview your classmate to find out how he or she feels about the following people and things. Use the verbs **adorer, admirer, aimer,** and **détester.**

> la télévision
> —*Tu aimes la télévision?*
> —*Oui, j'adore la télévision.*
> OU —*Non, je déteste la télévision.*

1. les films d'horreur
2. le théâtre
3. les hommes politiques

4. la bière *(beer)*
5. la pizza
6. les docteurs

3ème séquence LA DESCRIPTION

plan C

L'aspect physique et le visage

L'ASPECT PHYSIQUE

◆ **grand(e), petit(e)**
âgé(e), jeune
mince, gros(se)
brun(e)
blond(e)

Thierry est **grand.** Madame Baudin est **petite.**
Monsieur Weber est **âgé.** Louise est **jeune.**
Christine est **mince.** Paul est **gros.**
Paul est **brun.** Louise est **brune** aussi.
Thierry est **blond.** Madame Baudin est **blonde** aussi.

◀ Note culturelle

BODY LANGUAGE

Americans tend to hold their bodies in a more relaxed posture when they are standing or walking than the French do. Americans also put their hands in their pockets more frequently. The French keep their bodies a bit more rigid. Do you think that styles of body language might reveal some of the differences between the two cultures?

Activités

A. LES DESCRIPTIONS. Describe two or three of the following people. You may use more than one adjective for each.

◀ Prince Charles
   Il est grand et mince. Il est brun.

- Justice Sandra Day O'Connor
- Senator Bill Bradley
- Coretta Scott King
- Henry VIII
- Cleopatra
- Uncle Sam

B. LES GENS. Work in small groups. Choose one person as your artist. The rest of you describe the imaginary Tuvache family for the artist. Name the family members, tell what they look like, and say what each one is wearing. When you finish, show the drawing to the class and take turns describing the family members.

C. PORTRAITS STÉRÉOTYPÉS. Use one or two descriptive adjectives to create a stereotype (or typical portrait) of each of the following people. Use complete sentences.

1. an American football player
2. a movie actress
3. a basketball player
4. an Italian man or woman
5. a Japanese man or woman
6. a Swedish man or woman
7. a fashion model
8. a judge

LE VISAGE

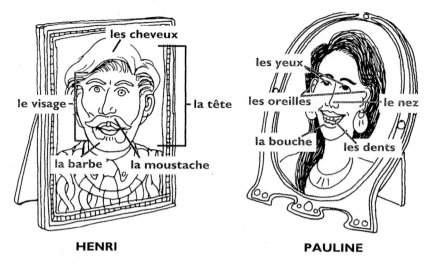

HENRI   **PAULINE**

Henri a les yeux bleus et les cheveux blonds.
Pauline a les yeux marron et les cheveux bruns.

les yeux: **bleus, verts, marron, noisette** *(hazel)*
les cheveux: **blonds, bruns, châtains** *(light brown)*, **noirs, roux** *(red)*, **gris**

Activités

A. ENQUÊTE (Survey). Go around the classroom and write down the names, hair color, and eye color of some of your classmates. Use the color terms given above. Then read a few of your descriptions aloud.

> —Qui a les yeux bleus? verts? marron? noisette?
> —Qui a les cheveux blonds? roux? bruns? noirs? châtains? gris?

B. UN CRIME. Work in pairs. Imagine that one of you witnessed a crime and the other is a police officer who just arrived at the scene. The officer asks questions about what the criminal looks like. The witness responds, adding any additional information.

> —*C'est un homme ou une femme?*
> —*C'est un homme. Il est grand!*
> —*Il est gros aussi?*
> —*Non, il est mince, et il a les cheveux bruns.*

Structure 5

Describing with adjectives: agreement of gender

You have learned a number of adjectives that describe the way people look. You have also learned how to talk about color. Adjectives must agree with the nouns they modify in both *gender* (masculine or feminine) and *number* (singular or plural). This section looks at gender agreement.

To make most adjectives feminine, add a final **-e** to the masculine form.

Louis est petit.	Pauline est **petite**.
Monsieur Weber est âgé.	Madame Weber est **âgée**.
Voilà un pull vert.	Voilà une jupe **verte**.

If the masculine form of the adjective already ends in a final unaccented **e**, use the same form for the feminine.

Georges est jeune.
Mademoiselle Dufresne est **jeune** aussi.

Monsieur Boileau est mince.
Madame Martin est **mince** aussi.

Laurent porte un chapeau rouge.
Il porte aussi une cravate **rouge**.

Some adjectives of color are invariable—they do not change form. You have learned three of them: **orange**, **marron**, and **noisette** (used only for eyes).

Le pantalon est marron.   La cravate est **marron**.

Other adjectives show gender agreement in a different way. For example:

gros	gro**sse**
blanc	blan**che**
violet	viole**tte**

For now, simply notice these irregular forms when listening or reading. You will study them in detail later on.

Pronunciation note: When an **-e** is added to the masculine form of an adjective, the final consonant is pronounced. If you notice a consonant sound at the end of an adjective, you are hearing the feminine form (**vert/verte**, **petit/petite**).

exercices

A. MASCULIN/FÉMININ. Supply the feminine form of each adjective.

1. Un éléphant est grand. Une girafe est _____ aussi.
2. Frédéric Cartier est blond. Madame Cartier est _____ aussi.
3. Un garçon est jeune. Une fille est _____ aussi.
4. André est mince. Nathalie est _____ aussi.
5. Le pantalon est bleu. La chemise est _____ aussi.
6. Monsieur Leblanc est âgé. Madame Leblanc est _____ aussi.
7. Antoine est brun. Gisèle est _____ aussi.
8. Jojo est petit. Mimi est _____ aussi.

B. DESCRIPTIONS. Write descriptions of the following individuals, using an adjective (or adjectives) of physical description and/or color. Be sure to use the proper masculine or feminine form of the adjective.

le Père Noël
Il est gros et âgé.

Little Orphan Annie
Elle est petite et blonde.

1. Superman
2. le Président américain
3. la femme du Président
   (the President's wife)
4. le prof de français
5. Martha Washington
6. Donald Trump
7. Oprah Winfrey
8. la «Vénus de Milo»

la «Vénus de Milo»,
musée du Louvre

COMMENT SONT-ILS?

Sylvie est heureuse.

Monsieur Boileau est surpris.

La personnalité

UN HOMME EST...	UNE FEMME EST...
heureux	heureuse
content	contente
sympathique *(nice, likable)*	sympathique
calme	calme
amusant	amusante
surpris	surprise
timide	timide
patient	patiente
triste	triste
fâché *(angry)*	fâchée
désagréable	désagréable
nerveux	nerveuse
pénible *(tiresome, boring)*	pénible
curieux	curieuse
dynamique	dynamique
impatient	impatiente

Activités

A. LES PERSONNALITÉS.
Describe the personalities or emotions of the following people.

1. a good friend
2. an ideal roommate
3. someone you would not choose as a friend
4. your mother or father
5. a professional wrestler
6. Marie Antoinette during the French Revolution

B. LES ÉMOTIONS.
Describe what your emotions might be in the following situations.

1. a declaration of war
2. a wedding
3. hearing an unfair statement
4. a birthday
5. receiving a bad grade
6. your first date

C. LES CÉLÉBRITÉS.
Work in small groups. Take turns suggesting famous people. Then furnish appropriate adjectives to describe their personalities.

Structure 6

Describing with adjectives: agreement of number

To make most masculine or feminine adjectives plural, add a final **-s** to the singular form.

Henri a les yeux **bleus.**　　Thierry et Louis sont **contents.**
Voilà des chaussures **bleues.**　　Christine et Sylvie sont **contentes.**

If the masculine singular form of the adjective already ends in a final **-s,** use the same form for the masculine plural.

Voilà un pantalon **gris.**
Voilà des pantalons **gris.**

The feminine plural form of such an adjective is regular, since the feminine singular ends in -e.

Voilà une jupe **grise.**
Voilà des jupes **grises.**

Pronunciation note: The final -s of a plural adjective is silent: contents/contente*s.*

As you can see in the examples, an adjective of color follows the noun it describes when the two words are side by side. Most French adjectives follow the nouns they modify.

◆ RAPPEL: The colors **marron, orange,** and **noisette** do not change form.
Voilà une cravate **marron.**
Voilà des chaussures **marron.**

A. DESCRIPTIONS. Finish each sentence. Use the plural form of each adjective.

1. Louis a les yeux _____. (vert)
2. Les chefs *(m.)* sont _____. (gros)
3. Sylvie et Louise sont _____. (amusant)
4. Les enfants sont _____. (calme)
5. Les mini-jupes sont très _____. (petit)
6. Il porte des chaussures _____. (noir)

B. SITUATIONS. Choose an adjective of emotion or personality to describe how the following people feel in each situation. Write your descriptions. Be sure to use the proper plural form of the adjective.

■ Two girls receive an A for the course.
Elles sont contentes.

1. Two girls make their friends laugh all the time.
2. Two boys are very shy.
3. A boy and a girl are liked by everyone.
4. Two men bore their friends by boasting all the time.
5. Two women are astonished at the result of a poll.
6. A husband and wife do not mind waiting a long time for their house to be remodeled.
7. Two sisters are nasty to other students at school.
8. Two brothers are furious at the inflexibility of their parents.
9. A woman and her former fiancé are depressed because their engagement broke up.
10. Two women partners never get rattled by business problems.

rétrospective SYNThèSe

A. OBSERVEZ! Try to describe the people you see in the pictures. Use the questions to help you.

1. Qui est-ce?
2. Il est jeune ou âgé?
3. La couleur de ses cheveux?

4. Qui est-ce?
5. Que porte l'homme?

6. Combien d'enfants y a-t-il?
7. Ils sont heureux?
8. Que mangent les enfants?

B. LA PERSONNALITÉ. Choose the statements that correctly describe what you see in the pictures in *Activité A.*

- Michel est dynamique.
- Michel est timide.
- Monsieur Boileau est content.
- Monsieur Boileau est fâché.
- Les enfants sont fâchés.
- L'histoire *(the story, situation)* est sérieuse.
- L'histoire est amusante.

C. UN(E) CAMARADE DE CLASSE. Imagine that you are writing to a French pen pal to describe a new friend you met in your French class. Write as detailed a physical portrait of your classmate as you can. Include a few personality traits as well. Then swap papers with another student, who will read your description aloud. See if the class can identify the person you wrote about.

rétrospective SYNTHÈSE

D. UN(E) AMI(E) ARRIVE. Imagine that you are taking courses at a French university. A friend is coming to visit, but you cannot go to the train station to meet him or her. Luckily, your roommate agrees to go. Describe your friend so that your roommate will recognize him or her.

E. VÊTEMENTS ET PERSONNALITÉ. Work in pairs. Think of an adjective of personality or emotion that might describe a person who chooses to wear the following clothing. Compare your responses with those of other groups. Refer to page 31 if you need help.

🐌 une cravate noire
Il est triste.

une jupe jaune
Elle est sociable.

1. un pantalon orange
2. une robe rouge
3. un chapeau blanc
4. une chemise noire

5. un costume marron
6. une cravate grise
7. un tee-shirt vert et violet
8. des chaussettes jaunes

F. D'UNE CULTURE À L'AUTRE. Look at these photographs of Monsieur Boileau's garden and answer the questions.

1. What elements can you name in French? Describe as many things as you can.
2. Continue describing the pictures in English. What do the settings consist of? How is Monsieur Boileau, the gardener, dressed? What is he doing? Can you imagine such a scene in the United States? Why or why not? What elements of the setting and actions appear typically French to you? Explain your observations.

vidéo SYNTHÈSE

Watch the videotape for **Chapitre 1**. Then complete the accompanying activities in your workbook.

Vocabulaire

Verbes

admirer	*to admire*
adorer	*to love*
aimer	*to like, to love*
détester	*to dislike, to hate*
écouter	*to listen (to)*
manger	*to eat*
porter	*to wear*
regarder	*to look (at)*
toucher	*to touch*

Expressions utiles (*Useful expressions*)

C'est	*He/She/It is*
Ce sont	*They are*
Il y a	*There is/are*
Voilà	*Here is/are; There is/are*

Les gens (*People*)

une femme	*a woman (Madame, Mademoiselle)*
un homme	*a man (Monsieur)*
une fille	*a girl*
un garçon	*a boy*
des adultes *(m.)*	*adults*
des enfants *(m.)*	*children*
des gens *(m.)*	*people*
des personnes *(f.)*	*persons*

Les nombres de 0 à 10

zéro	0
un	1
deux	2
trois	3
quatre	4
cinq	5
six	6
sept	7
huit	8
neuf	9
dix	10

Les vêtements (*Clothing*)

un chapeau	*a hat*
des chausettes *(f.)*	*socks*
des chaussures *(f.)*	*shoes*
une chemise	*a shirt*
un chemisier	*a blouse*
un costume	*a suit*
une cravate	*a tie*
un jean	*jeans*
une jupe	*a skirt*
des lunettes *(f.)*	*glasses*
un manteau	*an overcoat*
un pantalon	*trousers, slacks*
un pull	*a pullover*
une robe	*a dress*
un short	*shorts*
un slip	*underwear*
un tee-shirt	*a T-shirt*
une veste	*a jacket*

Les couleurs (*Colors*)

blanc(he)	*white*
bleu(e)	*blue*
gris(e)	*grey*
jaune	*yellow*
marron	*brown*
noir(e)	*black*
noisette	*hazel*
orange	*orange*
rose	*pink*
rouge	*red*
vert(e)	*green*
violet(te)	*purple*

La description: l'aspect physique
  (*General physical description*)

âgé(e)	*elderly, old*
blond(e)	*blond-haired*
brun(e)	*dark-haired*
grand(e)	*tall, large*
gros(se)	*heavy-set, stout*
jeune	*young*
mince	*thin*
petit(e)	*short, little*

La description: le visage *(The face)*

la barbe	*the beard*
la bouche	*the mouth*
les cheveux *(m.)...*	*hair*
blonds	*blond*
bruns	*dark brown*
châtains	*light brown*
gris	*grey*
noirs	*black*
roux	*red*
les dents *(f.)*	*the teeth*
la moustache	*the mustache*
le nez	*the nose*
les oreilles *(f.)*	*the ears*
la tête	*the head*
le visage	*the face*
les yeux *(m.)...*	*eyes*
bleus	*blue*
marron	*brown*
noisette	*hazel*
verts	*green*

La personnalité

amusant(e)	*funny, amusing*
calme	*calm, composed*
content(e)	*content*
curieux(-euse)	*curious*
désagréable	*disagreeable*
dynamique	*dynamic*
fâché(e)	*angry*
heureux(-euse)	*happy*
impatient(e)	*impatient*
nerveux(-euse)	*nervous*
patient(e)	*patient*
pénible	*annoying, boring*
sérieux(-euse)	*serious*
surpris(e)	*surprised*
sympathique	*nice, likable*
timide	*timid, shy*
triste	*sad*

PRÉSENTATION DU MONDE FRANCOPHONE

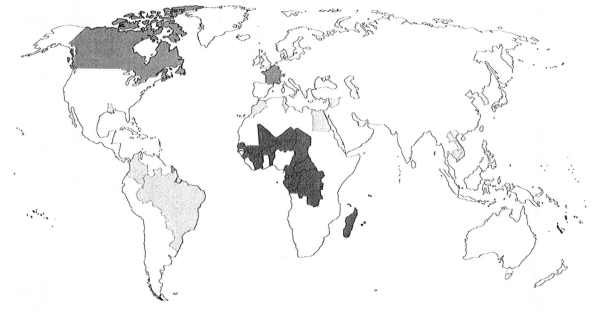

Langue maternelle et officielle:

France, Belgique, Luxembourg, Suisse, Monaco, Andorre, Saint-Pierre-et-Miquelon, Guadeloupe, Martinique, Guyane, Réunion, Mayotte, Vanuatu, Nouvelle-Calédonia, Polynésie française, Wallis-et-Futuna, Canada.

Langue officielle et langue d'enseignement:

Bénin, Burkina, Burundi, Cameroun, Comores, Congo, Côte-d'Ivoire, Djibouti, Gabon, Guinée, Madagascar, Mali, Niger, République centrafricaine, Ruanda, Sénégal, Seychelles, Tchad, Togo, Zaïre.

La langue française dans le monde

Langue d'enseignement:

Maroc, Tunisie, Égypte, Liban, Syrie, Brésil, Colombie, Cambodge, Vietnam, Laos, île Maurice.

Langue d'un statut officiel local

Jersey, Val d'Aoste, Louisiane, Pondichéry.

©1992 Magellan Geographix℠ Santa Barbara CA

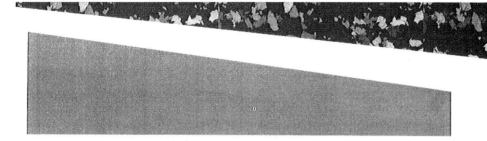

Approximately 140 million people in the world today speak French as a first or second language. Over a third of these people, or 56 million, live in France. French is the first language for 75 million people, 8 million of whom live in North America, primarily Canada.

The French colonial empire, at its height in the late nineteenth century, began to disintegrate after World War II and was virtually dissolved by the early 1960s. Although its old empire is gone, France has retained four former colonies as overseas "states," called **départements d'outre-mer (DOM):** Martinique, Guadeloupe, French Guyana, and Réunion. France has also maintained a strong presence in five overseas territories, or **territoires d'outre-mer (TOM),** including New Caledonia and French Polynesia. Following the independence movements of the late fifties, quite a few newly independent countries, particularly in North and West Africa, kept French as an official or semiofficial language. In North Africa (the Maghreb), for example, where there are 20 million speakers, French is used for teaching in Morocco and Tunisia.

In 1988, the French government created a position of secretary of state for the francophone world. Several **sommets** (summits) **de la francophonie** have since taken place in Quebec, Senegal, and other places. Lately, a few countries have taken issue with the expression **francophonie** and have substituted a term that means *countries having in common the use of French* **(pays ayant en commun l'usage du français).**

FENÊTRE OUVERTE *(Open window)*

1. Look at the world map. On which continents is there a French-speaking presence, official or unofficial?
2. On which continent do you find the most francophone countries? the fewest?
3. Name as many countries as possible where French is spoken:
   a. in Europe
   b. in Africa
   c. in Asia
   d. in North America
   e. in South America
4. In which parts of the Pacific is French spoken?
5. In which parts of the United States is French spoken? Do you know why, or can you guess?
6. Are there any French place names in your region (cities, rivers, mountains, etc.) that might indicate that the French once explored or lived in your area?

2

CHApitre

iNformAtioN persoNNeLLe

objectives

Expressing personal information: name, nationality, place of residence, age and birthday, likes and dislikes

Counting to 69

Asking and answering questions

Mise en scène Mise en forme

1. Voilà Jean.
Il est au café.

2. Qui est-ce?
Qu'est-ce qu'elle porte?
Comment est-elle?

3. C'est un
cow-boy. Il est américain.
Il est dans une Cadillac!

4. 1, 2, 3, 4... 10F. Le
jackpot. À Las Vegas, à Atlantic
City, il y a des jackpots. Où est Las Vegas?

5. Il s'appelle Jean.
Quel âge a-t-il?
Il a 25 ans *(years)*.

6. Elle s'appelle
Françoise. Quelle
est sa nationalité? Elle est française.

IN THIS AD, TWO NATIONALITIES ARE REPRESENTED. ONE IS FRENCH. CAN YOU GUESS THE OTHER? NOTICE THE STEREO-TYPES THE FRENCH HAVE ABOUT THIS COUNTRY. WHAT STEREOTYPES DO AMERICANS TEND TO HOLD ABOUT THE FRENCH?

1ère séquence D'OÙ SONT-ILS?

While travelling in Switzerland, Christiane meets people from different countries. Let's see who they are and where they are from.

Voilà un jeune homme
    sympathique *(nice)*.
Il s'appelle Pierre Lachance.
Pierre habite à Québec.
Il est canadien. Il parle
    français et anglais.

Et voilà mon amie américaine.
Elle s'appelle Nancy Johnson.
Nancy vient de *(comes from)*
    Chicago.
Elle parle anglais et un peu *(a little)*
    français.

Voilà Franco Rossi et Renata Gallo.
Ils habitent en Italie.
Ils parlent italien et français.

Et moi? Je m'appelle Christiane
    Kléber.
Je suis de *(am from)* Colmar, en
    France.
Je parle français et allemand.

PLAN A

Quelques pays et nationalités

LE PAYS	LA NATIONALITÉ	LES LANGUES
la France	français(e)	le français
la Belgique	belge	le français, le néerlandais
l'Angleterre	anglais(e)	l'anglais

LE PAYS	LA NATIONALITÉ	LES LANGUES
l'Allemagne	allemand(e)	l'allemand
la Suisse	suisse	le français, l'allemand, l'italien
l'Italie	italien(ne)	l'italien
l'Espagne	espagnol(e)	l'espagnol
la Chine	chinois(e)	le chinois
la Russie	russe	le russe
le Vietnam	vietnamien(ne)	le vietnamien
le Japon	japonais(e)	le japonais
le Sénégal	sénégalais(e)	le wolof, le français
le Mexique	mexicain(e)	l'espagnol
le Canada	canadien(ne)	l'anglais, le français
les États-Unis	américain(e)	l'anglais

Activités

A. LA GÉOGRAPHIE.
Name in French as many countries as you can locate in the following areas of the world:

1. en Afrique
2. en Amérique
3. en Asie
4. en Europe

B. LES NATIONALITÉS.
Give the nationalities of the people below.

◆ RAPPEL: Remember to make the adjective of nationality agree in gender with the subject.

🔊 Kasuhiro vient du *(comes from)* Japon.
Il est japonais.

Mélanie est de *(is from)* France.
Elle est française.

1. Susan vient d'Angleterre. Elle est _____ .
2. Frank est des États-Unis. Il est _____ .
3. Helga vient d'Allemagne. Elle est _____ .
4. Paco est du Mexique. Il est _____ .
5. Denise vient de Suisse. Elle est _____ .
6. Maurice est du Sénégal. Il est _____ .
7. Gina vient d'Italie. Elle est _____ .
8. Li-li est de Chine. Elle est _____ .
9. Édouard vient de Belgique. Il est _____ .

C. LES LANGUES. Which languages are spoken in the following countries?

🏳 en France   *En France, on (people) parle français.*
  en Belgique   *En Belgique, on parle français et néerlandais (Dutch).*

1. en Russie   5. en Allemagne   9. en Suisse
2. au Japon   6. en Espagne   10. au Vietnam
3. en Chine   7. aux États-Unis   11. en Italie
4. au Canada   8. au Sénégal   12. au Mexique

D. QUI ÊTES-VOUS? Work in pairs. Introduce yourself to your partner, giving the same information that Christiane gave about herself and her friends on page 42.

🏳 —*Je m'appelle _____.*
    —*J'habite à _____ (city, country).*
OU —*Je suis/viens de _____ (city, country).*
    —*Je parle _____.*

ƒtructure ı

Expressing geographical names

To express that someone is in (or going to) a city, use the preposition **à**.

  Nathalie habite **à** Paris.   *Nathalie lives **in** Paris.*

To convey that someone is from a city, use the preposition **de**.

  Louis vient **de** Bordeaux.   *Louis comes **from** Bordeaux.*
  Marie-Noëlle est **de** Lyon.   *Marie-Noëlle is **from** Lyon.*

Where countries are concerned, matters get a bit more complicated. Like all French nouns, countries are either feminine or masculine. In general, feminine countries end in a final, unaccented **e**.

  la France   l'Allemagne

Most other countries are masculine (including the United States, which is plural).

  le Japon   le Vietnam   les États-Unis

To express that someone is in (or going to) a country, use **en** for feminine countries and **au** for masculine countries. Use **aux** for countries in plural form.

Note the following exceptions: le Mexique, le Zaïre, le Cambodge.

J'habite **en** Espagne.
Il habite **au** Sénégal.
Nous habitons **aux** États-Unis.

To express that someone is from a country, use **de** for feminine countries, **du** for masculine countries, and **des** for countries in plural form. Before countries that begin with a vowel sound, use **d'**.

Elle vient **de** Suisse / **de** Chine / **d'**Angleterre.
Il vient **du** Japon / **du** Mexique.
Je viens **des** États-Unis.

A. OÙ EST-CE QUE J'HABITE? Work in pairs. Name famous landmarks in cities around the world. Have your partner tell you where you "live." Switch roles.

—Empire State Building
—*Tu habites à New York.*

B. LE TOUR DU MONDE. Imagine that you are with a group that is travelling around the world. Tell what country you are in and which city you are visiting.

France / Chartres
Je suis en France. Je visite Chartres.

1. Italie / Milan
2. Belgique / Bruxelles
3. Russie / Moscou
4. Chine / Pékin
5. Japon / Tokyo

6. Canada / Montréal
7. États-Unis / Philadelphie
8. Mexique / Mexico
9. Brésil / Rio de Janeiro
10. Sénégal / Dakar

C. D'OÙ SONT-ILS? (Where are they from?) Tell where the following people are from.

Jean-Pierre / France
Jean-Pierre vient de France.

1. Frank / États-Unis
2. Dolores / Espagne
3. Louise / Suisse
4. Tran / Vietnam

5. Susan / Angleterre
6. Roberto / Mexique
7. Helga / Allemagne
8. Albert / Belgique

The verb être

Some French verbs are irregular—that is, their conjugations do not follow a consistent pattern. Both the stem and the endings may change. Since irregular verbs do not belong to any particular group of verbs, you will need to learn their forms as you come across them. Continued practice is the best way to develop an instinctive grasp of irregular verb forms.

◆ RAPPEL: You have already used the third-person forms of **être: il/elle est** and **ils/elles sont.**

Être *(to be)* is one of the most common irregular verbs. Here are its present-tense forms.

être	
je suis	nous sommes
tu es	vous êtes
il/elle est	ils/elles sont

Louis **est** étudiant. Il **est** jeune et sociable.
Je **suis** française. Je **suis** petite et blonde.
Thierry et Monique **sont** des enfants. Ils **sont** timides.

A. COMMENT SONT-ILS? Use être plus one of the following adjectives to describe the personality or emotion of the people in each situation. Remember that the adjective must agree with the subject in gender and number.

calme / content / curieux / désagréable / dynamique /
impatient / pénible / sociable / surpris / timide

 Je prépare un examen.
Je suis nerveux(-euse).

1. Françoise adore les boums *(parties)*.
2. Nous visitons la France.
3. Je gagne *(win)* 1 000 000 de francs au jackpot.
4. Tu parles constamment *(all the time)*.
5. Paul et Jacqueline détestent parler en public.
6. Vous n'aimez pas attendre *(to wait)*.
7. J'aime le silence.

B. PRÉSENTATION. Pretend that you are writing a personal ad. Describe yourself, using the verb **être** and as many adjectives as possible.

 Je suis jeune. Je suis américain(e)...

C. LE (LA) CAMARADE DE CHAMBRE IDÉAL(E).

Pretend that you are looking for a new roommate. List five qualities you want in a roommate.

If necessary, review the adjectives of affect and emotion that you learned in Chapter 1, page 31.

Then work with a partner. Interview each other about the qualities you possess. To express an affirmative answer, respond with a complete sentence. To express a negative answer, respond with **Non, pas du tout** *(not at all)*. When you finish the interview, find a new partner. See if you can find someone with all the qualities you seek.

> —*Es-tu patient(e)?*
> —*Oui, je suis patient(e).*
> OU —*Non, pas du tout.*

ÂGE ET ANNIVERSAIRE

How old are the following people? When do they celebrate their birthdays?

Quel âge a-t-il (elle)? *How old is he (she)?*

Madame Bertin
Elle a 35 ans.
Son anniversaire,
c'est le 18 mai.

Mademoiselle Dufresne
Elle a 23 ans.
Son anniversaire,
c'est le 8 novembre.

Monsieur Weber
Il a 66 ans.
Son anniversaire,
c'est le 1er (premier)
septembre.

PLaN b

Les nombres et les mois

LES NOMBRES DE 11 À 69

11	onze	21	vingt et un	31	trente et un
12	douze	22	vingt-deux	32	trente-deux
13	treize	23	vingt-trois	40	quarante
14	quatorze	24	vingt-quatre	50	cinquante
15	quinze	25	vingt-cinq	60	soixante
16	seize	26	vingt-six		
17	dix-sept	27	vingt-sept		
18	dix-huit	28	vingt-huit		
19	dix-neuf	29	vingt-neuf		
20	vingt	30	trente		

LES MOIS

janvier	mai	septembre
février	juin	octobre
mars	juillet	novembre
avril	août	décembre

◼ Note culturelle

LE CALENDRIER FRANÇAIS

Catholicism has traditionally been the predominant religion in France. Each day on the French calendar has a corresponding saint's name. Some religious holidays are celebrated nationally.

Les fêtes françaises

le Jour de l'An (le 1er janvier)

Mardi-Gras (février ou mars)

Pâques *(Easter)* (mars ou avril)

la Fête du Travail *(work, labor)*
  (le 1er mai)

la Victoire de 1945 (le 8 mai)

l'Ascension (le 28 mai) (fête religieuse)

la Fête des Mères *(mothers)* (mai)

Pentecôte (juin) (fête religieuse)

la Fête des Pères *(fathers)* (juin)

la Fête nationale (le 14 juillet)

l'Assomption (le 15 août)
  (fête religieuse)

la Toussaint *(All Saints' Day)*
  (le 1er novembre)

l'Armistice 1918 (le 11 novembre)

Noël (le 25 décembre)

The day after **la Toussaint** is All Souls' Day. People go to the cemetery to place chrysanthemums on the graves of deceased relatives. Never present chrysanthemums to French people as a gift. It would be as if you were wishing them dead.

1992

1992 JANVIER · FÉVRIER · MARS · AVRIL · MAI · JUIN 1992

1992 JUILLET · AOUT · SEPTEMBRE · OCTOBRE · NOVEMBRE · DÉCEMBRE 1992

Activités

A. COMPTEZ! Work in pairs. Count from 1 to 69 by odd numbers. Then count from 2 to 68 by even numbers. Alternate your responses.

B. BON ANNIVERSAIRE! Tell how old the following people are, and give their birthdays (omit the year).

• In French, the day is written before the month: 3/12/95 indicates December 3, 1995.
• The first of the month is called **le premier**.

Gérard Robinet 3/10/70

Gérard a _____ ans. Son anniversaire, c'est le 3 octobre.

1. Paul Lefranc 21/5/42
2. Carole Rivier 1/12/90
3. Jean-Michel Blanc 30/6/77
4. Marie-Louise Caron 18/9/62
5. Louis Dumaine 13/1/83
6. Martine Thibault 5/3/38
7. Thierry Fresnay 28/11/55
8. Georgette Borelli 16/7/72

C. INFORMATION PERSONNELLE. Work in pairs. Find out the age and birthday of your partner.

 —*Quel âge as-tu?*
—*J'ai_____ ans.*
—*Quand est ton anniversaire?*
—*C'est le (jour) (mois).*

D. LES FÊTES AMÉRICAINES. Pretend that you are telling a French acquaintance about holidays celebrated in the United States. Name the months in which the following holidays fall. If possible, give the dates.

Mother's Day   *C'est en mai.*

1. St. Patrick's Day
2. Memorial Day
3. Thanksgiving
4. Martin Luther King Day
5. President's Day
6. Independence Day
7. Columbus Day
8. Valentine's Day
9. Labor Day

3ᵉᵐᵉ Séquence   PRÉFÉRENCES

Jean spends a lot of time at the café because he likes Françoise, who works there, as well as the atmosphere of the place. He also likes to play Jackpot, of course. Jean has some definite preferences.

J'aime Françoise.
J'adore les enfants.
J'aime les chapeaux.
Je déteste les barbes.
J'aime le cinéma.
Je n'aime pas la télévision.

J'adore la musique
Je n'aime pas le ballet.
J'aime le jackpot
Je n'aime pas les sports.
J'aime les autos américaines.
Je déteste la bière *(beer).*

PLAN C

Comment exprimer ses préférences

| J'adore... | Je n'aime pas... |
| J'aime... | Je déteste... |

Activités

A. ET VOUS? Tell what you think of the following things. Use J'adore, J'aime, Je n'aime pas, or Je déteste.

> le basket-ball
> —*J'aime le basket-ball.*
> OU —*Je n'aime pas le basket-ball.*

1. le football *(soccer)*
2. la musique classique
3. les films d'horreur
4. la télévision
5. le cinéma
6. les sciences
7. le français
8. l'eau minérale (e.g., Perrier)
9. le chocolat
10. les oranges

B. TU AIMES... ? Work in pairs. Ask your partner whether he or she likes the following things.

> la politique
> —*Tu aimes la politique?*
> —*Oui, j'aime (j'adore) la politique.*
> OU —*Non, je n'aime pas (je déteste) la politique.*

1. la pizza
2. les brocolis
3. le français
4. les mathématiques
5. la radio
6. les sports
7. les personnes difficiles
8. les examens
9. l'Amérique
10. les voitures *(cars)* japonaises

structure 3

Definite articles

You have already learned the indefinite articles **un, une,** and **des** *(a, an, some)*. The definite articles **le, la, l',** and **les** *(the* in English) are used to refer to specific people, places, or things. Like indefinite articles, they agree with the noun they modify in gender and number.

The definite article **le** is used with masculine singular nouns beginning with a consonant.

> **le** garçon   **le** téléphone

The definite article **la** is used with feminine singular nouns beginning with a consonant.

> **la** cravate   **la** télévision

The definite article **l'** is used with all singular nouns beginning with a vowel sound.

l'étudiant(e) *(f.)*   l'âge *(m.)*

◆ RAPPEL: The final **s** is pronounced (like a **z**) only before a word beginning with a vowel sound.

The definite article **les** is used with all plural nouns.

les̸ professeurs   les̸ nationalités   les étudiants

Definite articles are also used to indicate a noun in a general sense and before the names of most countries. English generally omits the definite article in such cases. For example:

La Chine est immense.   *China is huge.*
Le poison est dangereux.   *Poison is dangerous.*

A. *LE, LA, L' OU LES?* Supply the appropriate definite article.

1. Quelle est _____ nationalité de Gérard Depardieu?
2. Regardez _____ chaussures vertes! Elles sont horribles!
3. Qui est _____ homme à droite *(on the right)?*
4. _____ enfants arrivent dans cinq minutes.
5. _____ président voyage en Suisse.
6. _____ femme au milieu *(in the middle)*, c'est Madame Robinet.

B. LES VÊTEMENTS ET LES COULEURS. Imagine the color of the clothing worn by the following people.

◣ Le colonel porte une cravate.   *La cravate est noire.*

1. Le président porte un costume.   5. Le prof porte une veste.
2. La directrice porte une robe.   6. Le docteur porte des chaussures.
3. L'étudiante porte des chaussettes.   7. La secrétaire porte une jupe.
4. L'enfant porte un short.   8. La star de rock porte un tee-shirt.

C. LES OPINIONS. Work in pairs. Supply an adjective to describe the following people or categories of people. Remember to use a definite article before the noun.

◣ profs   *Les profs sont pénibles.*

1. hommes   5. président
2. femmes   6. Russie
3. prof de français *(m. or f.)*   7. Démocrates *(m. or f.)*
4. étudiants   8. Républicains

COMMENT VOUS APPELEZ-VOUS?

Danielle Van Damme, who is from Belgium, is a university student in Paris. She wishes to see a doctor, and the secretary is taking down some information.

LA SECRÉTAIRE:	Bonjour, Mademoiselle.
DANIELLE:	Bonjour, Madame.
LA SECRÉTAIRE:	Comment vous appelez-vous?
DANIELLE:	Danielle Van Damme.
LA SECRÉTAIRE:	Vous êtes française?
DANIELLE:	Non, Madame. Je suis belge.
LA SECRÉTAIRE:	D'où êtes-vous?
DANIELLE:	De Bruxelles.
LA SECRÉTAIRE:	Où habitez-vous?
DANIELLE:	À Paris—35, rue Étienne Marcel.
LA SECRÉTAIRE:	Et votre *(your)* numéro de téléphone?
DANIELLE:	45.15.63.29.
LA SECRÉTAIRE:	Est-ce que vous êtes mariée?
DANIELLE:	Non, je suis célibataire *(single)*.
LA SECRÉTAIRE:	Quelle est votre profession?
DANIELLE:	Je suis étudiante.

plan d

Les questions: poser et répondre

QUESTIONS: OUI OU NON?
Est-ce que vous êtes... ?
Êtes-vous... ? *(inversion)*
Vous êtes... ? *(rising pitch)*

Est-ce que vous êtes américaine?
Êtes-vous américaine?   } Oui (je suis américaine).
Vous êtes américaine?

DEMANDE D'INFORMATION

Comment... ?	How... ?
Où... ?	Where... ?
D'où... ?	From where... ?
Quel/Quelle... ?	What, which... ?
Qui... ?	Who... ?
Quand... ?	When... ?

Qui est-ce?	C'est Thérèse.
Quelle est sa nationalité?	Elle est suisse.
Où est-ce qu'elle habite?	À Lausanne.
Quand est-ce son anniversaire?	Le 18 mai.

◼ Note culturelle

LES NUMÉROS DE TÉLÉPHONE

French telephone numbers consist of eight digits grouped into four pairs. All pairs except those that begin with a zero are treated as one number. For example, the number 45.63.09.28 is pronounced **quarante-cinq, soixante-trois, zéro neuf, vingt-huit.**

Activités

◆ RAPPEL: Would the two of you use **tu** or **vous?**

A. UNE DÉCLARATION. Work in pairs. Imagine that one of you is studying in France and has had your camera stolen. The other is a police officer who is asking for the following personal information. Role-play the interview.

- name (**nom**)
- nationality (**nationalité**)
- where you are from (**ville**)
- where you are living now
- age (**âge**)
- profession (**étudiant, étudiante**)
- marital status (**marié, mariée, célibataire**)

◆ RAPPEL: Would you use **tu** or **vous** in this situation?

NOTE:
ton nom   **ta** nationalité
ton âge   **ta** profession

B. DEUX ÉTUDIANTS. Work in pairs. Pretend that you are foreign students in France who have met at a party. One of you is American, and the other is from another country. Greet each other and ask questions to find out the information above.

C. IMAGINEZ! Supply the following information about each person. Use your imagination!

Wilhelm Krause   **Sumiko Fujiwara**   **Pepe Martinez**   **Jennifer Daly**

- nationalité
- adresse

- âge
- état civil *(marital status)*

Asking questions

There are basically two types of questions: those that call for a yes or no answer, and those that seek information.

YES/NO QUESTIONS

In French, there are three ways of asking a yes/no question.

- By simply raising the pitch of your voice at the end of a sentence. This is the least formal manner.

  Vous habitez à Paris?

  When French speakers expect an affirmative answer, they sometimes add the expression **n'est-ce pas** to this type of question.

  Vous habitez à Paris, **n'est-ce pas?**

- By beginning a sentence with **Est-ce que.**

  Est-ce que vous habitez à Paris?

- By inverting the subject and verb (a hyphen is added between them). This is the most formal manner.

  Habitez-vous à Paris?

You may use all three ways of asking yes/no questions. As in English, the pitch of your voice always rises at the end of the question.

INFORMATION QUESTIONS

Questions that seek information are usually introduced by particular interrogative expressions. The answer to these questions is never simply yes or no.

> **Comment** allez-vous? **Comment** vous appelez-vous? **Comment** ça va?
> **Où** habitez-vous? **Où est-ce que** tu travailles *(work)*?
> **Quel** âge as-tu? **Quelle** est votre nationalité?
> **Qui** est-ce? **Qui** est le président de la France?

A. POSEZ LES QUESTIONS. Give the question that may have elicited each answer below.

1. Oui, je suis mariée.
2. Ça va mal!
3. J'ai 18 ans.
4. J'habite à Tours.
5. Le professeur de biologie, c'est Madame Calvin.
6. Non, je ne suis pas nerveux. Et toi?
7. Oui, je parle anglais.
8. Je suis Jacques Augsberger.
9. Je vais bien, merci.
10. Je suis anglaise.

B. UNE INTERVIEW. You are a reporter for the student newspaper. You are interviewing a classmate. Ask your partner:

1. quelle sorte de musique il/elle écoute
2. quels films il/elle aime
3. quels professeurs il/elle aime
4. où il/elle habite
5. quels vêtements il/elle porte
6. quelles émissions *(programs)* il/elle regarde à la télévision
7. quels acteurs (actrices) il/elle préfère
8. où il/elle travaille après les cours *(after classes)*

Negation with ne... pas

To express a negative statement in French, use the expression **ne... pas.**
The word **ne** is placed before the verb, while **pas** follows the verb. Before
a vowel sound, **ne** becomes **n'.**

> Tu aimes la télé?
> Non, je **ne** regarde **pas** la télévision.
>
> Louis adore les mathématiques, n'est-ce pas?
> Au contraire, Louis **n'**aime **pas** les mathématiques.

Pronunciation note: When you are speaking, **pas** receives the emphasis. **Ne** is rather weak and is sometimes barely discernible in informal conversation.

A. OUI OU NON? Say whether you agree with the following statements. Correct any statement you think is not true.

> Bruxelles est en Belgique.
> *Oui, Bruxelles est en Belgique.*
>
> Le Président des États-Unis habite à Montréal.
> *Non, le Président n'habite pas à Montréal. Il habite à Washington.*

1. Le Père Noël est mince.
2. Elizabeth Taylor a les yeux marron.
3. Une tomate est rouge.
4. Jane Pauley habite en Chine.
5. La fête du saint Valentin est en mai.
6. Ève est timide.
7. Adam aime les serpents.
8. Monsieur Gucci parle italien.
9. Les touristes aiment les voyages.

B. QUESTIONS ET RÉPONSES. Work in pairs. Take turns
asking and answering the following questions. For those you answer in the
negative, follow with a more appropriate response.

> —*Est-ce que tu habites à New York?*
> —*Oui, j'habite à New York.*
> OU —*Non, je n'habite pas à New York. J'habite à Boston.*

1. Est-ce que tu es français(e)?
2. Est-ce que tu parles japonais?
3. Est-ce que tu es étudiant(e)?
4. Est-ce que tu travailles?
5. Tu aimes le cinéma?
6. Est-ce que tu regardes la télévision?
7. Est-ce que tu es sympathique?
8. Tu écoutes souvent *(often)* la radio?

rétrospective SYNTHÈSE

A. OBSERVEZ! Look at the photos on page 41 and give the following information.

1. nom de l'homme
2. nom de la jeune femme
3. âge de l'homme
4. âge de la jeune femme
5. nationalité de la jeune femme
6. nationalité de l'homme
7. nationalité du cow-boy
8. nom du jeu *(game)*

B. VRAI OU FAUX? Look at the same photos and tell whether the following statements are *true* or *false*.

1. Jean est au bar, dans un café.
2. Françoise est serveuse *(bartender)*.
3. Françoise gagne au jackpot.
4. Le jackpot, c'est l'Amérique.

C. VOS PAPIERS, S'IL VOUS PLAÎT! *(Your papers, please!)* You have just found this document and wish to return it. Get all the information you can about its owner.

D. UNE DESCRIPTION.   Describe a family member, close friend, or famous person of your choice. Give the following information: name, physical description, nationality, age, birthday (if known), where the person lives (or is from), marital status, and a few likes and dislikes.

E. QUI EST-CE?   Work in small groups. One of you thinks of a famous person. The rest try to discover who it is by asking yes/no questions (for example, **C'est un homme? Est-il jeune? Est-il américain? Est-ce qu'il aime les sports?**). The student who guesses the identity of the mystery person chooses the next one, and the game continues.

F. UNE PETITE ANNONCE.   Read the personal ads below. If you do not know a word, try to guess its meaning from the context. Then, working in small groups, try to answer the following questions. Elect one person to write down your group's answers.

1. Où est le centre national de l'agence?
2. Où sont les autres agences? Dans quelles villes?
3. Quelles sont les professions des hommes et des femmes qui contactent l'agence?
4. Quels sports est-ce que la majorité de ces gens aiment pratiquer?
5. Quelles sont les qualités *(personal characteristics)* préférées?
6. Quelle personne vous semble la plus attirante *(seems the most attractive to you)*?

rétrospective synthèse

 CLÉO   R E N C O N T R E S
CONTEMPORAINES

116, Champs Elysées

*Depuis 17 ans, hommes et femmes,
médecins, pharmaciens, prof. libérales,
industriels, ingénieurs, cadres, etc.
au-delà des mots, font confiance à
notre signature garantissant :*
—un nombre de contacts
—une qualité de contacts
—un remboursement

Centre National, 116 Champs Elysées 75008 Paris.
Cabinets Conseils Relationnels à : Aix en Pr.,
Avignon, Beauvais, Béziers, Bordeaux, Cergy,
Chartres, La Rochelle, Montpellier, Nice, Nîmes,
Orléans, Perpignan, Rouen, Versailles.

INGÉNIEUR PÉTROLES, 34 ans, grand, blond, beaucoup de charme, aimant le ski, le tennis, les concerts, cherche jeune femme pour fonder famille basée sur la confiance, l'estime et le respect.

DOCTEUR EN ÉCONOMIE, jolie, 35 ans, ni triste ni compliquée; apprécie le théâtre, la nature, le cinéma, espère relation de qualité avec homme de 40–50 ans.

JOLIE JEUNE FEMME, 24 ans, radiologue, brune, yeux bleus, charmante, aimant la moto, le dessin, les voyages, cherche jeune homme tendre et sympathique.

JEUNE TECHNICIEN, 26 ans, brun, 1,85m, sportif, sympathique et simple, aimant le tennis, le football et le golf, cherche jeune femme petite, mince et gentille.

DENTISTE, jeune et mince, yeux verts, blonde, espère vie à deux remplie de douceur, de finesse et de joie.

DIRECTEUR DE SOCIÉTÉS, 40 ans, plein d'humour, voyageant beaucoup, aimant la nature et la simplicité, cherche jeune femme sportive pour partager sorties à bicyclette et week-ends.

rétrospective SYNTHÈSE

G. D'UNE CULTURE À L'AUTRE. Look at the photograph.

1. Name as many things as you can in the picture.
2. The Cadillac represents the United States, while the smaller car is European. Why do you think the smaller car is moving ahead of the Cadillac? What message do you think is being conveyed?

vidéo SYNTHÈSE

Watch the videotape for **Chapitre 2.** Then complete the accompanying activities in your workbook.

vocabulaire

Verbes

arriver	to arrive, to occur
être	to be
habiter	to live (reside)
parler	to speak
travailler	to work
venir	to come
voyager	to travel

Expressions interrogatives

comment	how
est-ce que	makes a statement into a yes/no question
où	where
d'où	from where
quand	when
quel (m.)/quelle (f.)	what, which
qui	who

Information personnelle

le nom	name
l'adresse (f.)	address
le numéro de téléphone	telephone number
la nationalité	nationality
la profession	profession
le travail	work
un(e) étudiant(e)	a student
un professeur	a professor (m. and f.)
l'âge (m.)	age
l'anniversaire (m.)	birthday
l'état civil (m.)	marital status
célibataire	single
marié(e)	married

Expressions utiles

Comment allez-vous?	How are you?
Je vais bien.	I'm fine.
Ça va?	How are things?
Ça va bien.	Fine.
Comment vous appelez-vous?	What is your name?
Je m'appelle…	My name is …
Je viens de / du / des…	I come from…
Je suis de / du / des…	I am from…
Elle/Il vient de / du / des…	She/He comes from…
Elle/Il est de / du / des…	She/He is from…
avoir… ans	to be… years old

Les nombres de 11 à 69

onze	11	vingt	20
douze	12	vingt et un	21
treize	13	vingt-deux	22
quatorze	14	vingt-neuf	29
quinze	15	trente	30
seize	16	quarante	40
dix-sept	17	cinquante	50
dix-huit	18	soixante	60
dix-neuf	19	soixante-neuf	69

Les mois de l'année (Months of the year)

janvier	January	juillet	July
février	February	août	August
mars	March	septembre	September
avril	April	octobre	October
mai	May	novembre	November
juin	June	décembre	December

Quelques pays (Some countries)

l'Allemagne	Germany
l'Angleterre	England
la Belgique	Belgium
la Chine	China
l'Espagne	Spain
la France	France
l'Italie	Italy
la Russie	Russia
la Suisse	Switzerland
le Canada	Canada
le Japon	Japan
le Mexique	Mexico
le Sénégal	Senegal
le Vietnam	Vietnam
les États-Unis	United States

Quelques nationalités (Some nationalities)

allemand(e)	German	italien(ne)	Italian
américain(e)	American	japonais(e)	Japanese
anglais(e)	English	mexicain(e)	Mexican
belge	Belgian	russe	Russian
canadien(ne)	Canadian	sénégalais(e)	Senegalese
chinois(e)	Chinese	suisse	Swiss
espagnol(e)	Spanish	vietnamien(ne)	Vietnamese
français(e)	French		

LA BELGIQUE ET LE LUXEMBOURG

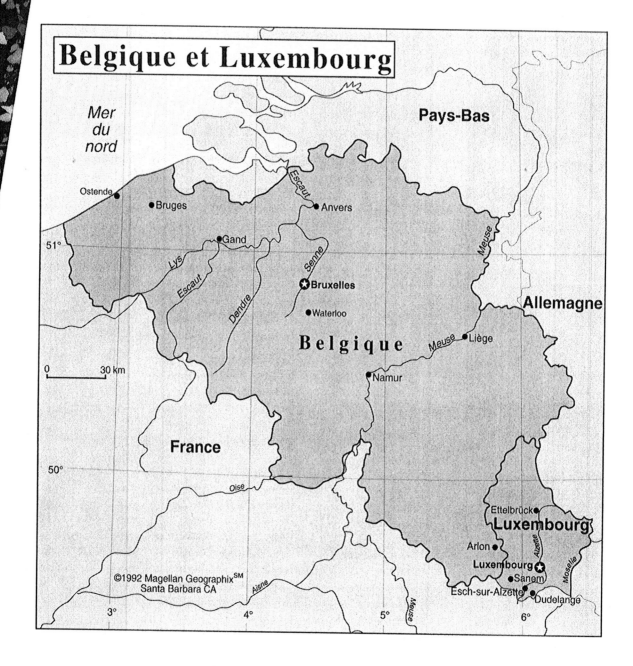

Belgique et Luxembourg

Mer
du
nord

Pays-Bas

Ostende
Bruges
Anvers
Gand
Bruxelles
Waterloo

Belgique

Liège
Namur

Allemagne

Escaut
Lys
Dendre
Senne
Meuse

France

Oise

Aisne

Meuse

Ettelbrück
Luxembourg
Arlon
Luxembourg
Sanem
Esch-sur-Alzette
Dudelange
Alzette
Moselle

©1992 Magellan Geographix℠
Santa Barbara CA

0   30 km

51°

50°

3°   4°   5°   6°

Belgium and Luxembourg, neighboring countries that border northern France, have been members of the European Economic Community **(la Communauté Économique Européenne, or la CEE)** since its inception in 1957. Belgium is also the home of NATO headquarters. The French language plays an important role in both countries, although to a different degree. Read the following information to find out more about the two nations.

LA BELGIQUE

Superficie: 30 514 km^2

Population: 9,9 millions d'habitants

Langues: le français et le néerlandais

Monnaie: le franc belge (FB)

Capitale: Bruxelles, capitale politique de l'Europe des Douze

Chef de l'État: le roi Baudouin I

Date d'entrée dans la CEE: 1957

Particularités: Une querelle linguistique entre Wallons qui parlent français et Flamands qui parlent néerlandais; cinquième pays de la CEE pour son niveau de vie.

LE LUXEMBOURG

Superficie: 2 586 km^2

Population: 370 000 habitants

Langues: le luxembourgeois (langue nationale), l'allemand (langue de la presse), le français (langue de l'administration)

Monnaie: le franc luxembourgeois (FLUX)

Capitale: Luxembourg, siège de la Cour de justice européenne

Chef de l'État: le prince Jean

Date d'entrée dans la CEE: 1957

Particularités: La célèbre chaîne de radio-télévision, RTL; pays le plus petit des Douze, le moins peuplé.

FENÊTRE OUVERTE

1. What is the capital of each country? Why is each capital of particular importance?
2. What is the currency unit of each country? Do you find anything familiar about these units? Why do you think they have these names?
3. On the basis of the information given above, what can you conclude about the political systems of these countries?
4. In which country do people have to know three languages?
5. What are the names of the groups who speak the two languages found in Belgium?
6. In which country is the linguistic situation more troublesome?
7. What is the relative size of each country within the European Community?
8. Belgium and Luxembourg share a number of common features. Can you find them?
9. What else can you find out about the linguistic conflict in Belgium? Use an encyclopedia or an almanac to learn more.

3

chapitre

3

interaction

objectives

Greeting people and saying good-bye

Introducing yourself and others

Asking others about themselves

Requesting, ordering, and demanding

Using expressions of politeness

Mise en scène Mise en forme

1. C'est Nathalie Brion. Elle porte une jupe noire et une veste rose.

2. Nathalie est dans sa voiture. Où va-t-elle *(Where is she going)*?

3. Nathalie va à Paris. Elle est heureuse.

4. Elle va retrouver *(to meet)* Michel. Regardez Michel. Comment est-il?

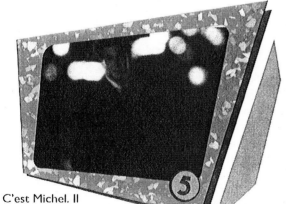

5. C'est Michel. Il est célibataire. Il habite à Paris.

6. Nathalie aime Michel. Ils vont être ensemble à Paris.

WHAT DO YOU THINK OF THE ASSOCIATION OF PARIS WITH ROMANCE? WHAT DO YOU THINK MIGHT BE THE ORIGIN OF THIS ASSOCIATION?

 **SALUTATIONS**

These people greet each other and then say good-bye, but they do it in different ways. Forms of greeting and leave-taking vary, depending on the relationship of the people involved.

—Bonjour, Madame.
—Bonjour, Monsieur.
—Comment allez-vous?
—Très bien, merci. Et vous?
—Bien, merci.
      …
—Au revoir, Madame.
—Au revoir, Monsieur.

—Salut, Paul.
—Salut, Robert. Ça va?
—Ça va bien, merci. Et toi?
—Oh, pas mal.
      …
—Salut, Paul.
—Salut. À demain.

 **PLAN A**

Saluer et prendre congé

LES SITUATIONS FORMELLES	LES SITUATIONS INFORMELLES
—Bonjour, Monsieur / Madame / Mademoiselle.	—Salut, Paul / Marie / etc.
—Comment allez-vous?	—(Comment) ça va? —Comment vas-tu?
—(Je vais) très bien / bien / pas mal / comme ci comme ça *(so-so)* / (très) mal, (merci).	—(Ça va) très bien. / Pas très bien.
—Et vous?	—Et toi?
—Au revoir, Monsieur / Madame / Mademoiselle.	—Au revoir. / Salut. / À bientôt. / À demain. / Ciao. / À tout à l'heure.

Note culturelle

LA BISE

French friends and relatives often kiss each other lightly on the cheek when saying hello and good-bye. This practice, called **la bise,** is done two, three, or four times, depending on regional custom. Instead of **la bise,** male friends might simply shake hands—a single shake. Men or women meeting for the first time also shake hands in this way.

How would you describe the American handshake? Do friends who see each other frequently shake hands? How many times do Americans usually kiss on the cheek?

Activités

A. SALUTATIONS. How would you greet the following people if you met them on the street? How would you ask them how they are doing?

1. your professor (a single woman in her twenties)
2. a close friend
3. a child
4. an older neighbor (she is married)
5. a neighbor's dog
6. your sister
7. your boss

B. JOUEZ LES RÔLES. Work in pairs. Role-play the following situations. In each situation, greet each other appropriately, ask how your partner is doing, and say good-bye. Remember to shake hands, if appropriate.

1. two classmates
2. brothers and/or sisters
3. boss and employee
4. old friends
5. two people who just met yesterday
6. teacher and student
7. shopkeeper and neighborhood child
8. doctor and patient

Structure 1

The verb aller

The verb **aller** *(to go)* is an irregular -er verb. So far, you have used **aller** in an idiomatic way—to ask how someone is.

Comment **allez**-vous?	*How are you?*
Comment ça **va?**	*How's it going?*
Je **vais** bien. / Ça **va** bien.	*I'm fine. Things are fine.*

Here are the present-tense forms of **aller**. Note that the **nous** and **vous** forms are conjugated like regular -er verbs. That is, they are based on the stem of the infinitive, while the other forms are not.

aller	
je vais	nous allons
tu vas	vous allez
il/elle **va**	ils/elles **vont**

Pronunciation note: The forms for **tu** and **il/elle** are pronounced alike.

Aller is often used with the prepositions **à** *(to)* and **chez** *(to the house/place of)*.

Je **vais** à la pharmacie.   *I **am going** to the pharmacy.*
Ils **vont** chez Jacques.   *They **are going** to Jacques' house.*

exercices

A. COMMENT VONT-ILS? Tell how the following people are feeling in the situations below. Use **très bien, bien, pas mal,** or **mal.**

> Je gagne *(win)* $100 à la loterie.
> *Je vais très bien.*

1. J'ai un A à l'examen.
2. Tu as un C à l'examen.
3. Nous sommes victimes d'un hold-up.
4. Les enfants mangent du chocolat.
5. Vous et votre fiancé(e) vous vous disputez.
6. Jacqueline est invitée au restaurant.

B. OÙ VONT-ILS? Give the proper form of **aller**. Write your answers.

1. Michelle Pfeiffer _____ à Cannes pour le Festival du Cinéma.
2. Nous _____ à Atlanta pour les Jeux olympiques de 1996.
3. Je _____ en Californie pour visiter Disneyland.
4. Les diplomates russes _____ à Washington pour le sommet *(summit)*.
5. Vous _____ au Canada cet été *(this summer)*.
6. Tu _____ au café.
7. Les bandits _____ en prison.

C. ET TOI? OÙ VAS-TU? Work in pairs. Ask where your partner will go in each of the following situations. Switch roles.

to my room   **dans ma chambre**
to the library   **à la bibliothèque**
to class   **en classe**

> pour étudier
> —*Où vas-tu pour étudier?*
> —*Je vais dans ma chambre (to my room).*

1. pour visiter le Louvre
2. pour admirer la Statue de la Liberté
3. pour préparer l'examen
4. pour commander *(order)* un Perrier

5. pour visiter le Vatican
6. pour regarder les forty-niners
7. pour parler français
8. pour écouter le professeur

PRÉSENTATIONS

Se présenter

ON SE PRÉSENTE

To introduce yourself to others, here is what you might say.

—Bonjour, Madame. Je m'appelle Marie-Noëlle Pasquier. J'ai rendez-vous avec le docteur.

—Bonjour, Monsieur. Bonjour, Madame. Je suis Michel Blénac, le cousin de Georges.

PRÉSENTER UNE PERSONNE À UNE AUTRE

To introduce one person to another, here is what you and they might say, in formal and informal situations:

FRANÇOIS: Monsieur Hébert, je vous présente Jacqueline Caron.
M. HÉBERT: Enchanté, Mademoiselle.
JACQUELINE: Enchantée, Monsieur.

NICOLE: Suzanne, je te présente Jacques Perrin. Jacques, Suzanne Delaroche.
SUZANNE: Bonjour, Jacques.
JACQUES: Bonjour, Suzanne.

Activités

A. ON SE PRÉSENTE. Prepare a brief introduction of yourself. Be ready to present it for the class. Include the following information:

- nom: Je m'appelle / Je suis...
- origine: Je viens de...
- domicile: J'habite...
- âge: J'ai... ans.
- anniversaire: Mon anniversaire, c'est...
- profession: étudiant(e)
- état civil: célibataire, marié(e), divorcé(e), veuf(-ve)

Listen carefully to other students' presentations. Be prepared to answer questions about them.

B. LES PRÉSENTATIONS. Work in groups of three. Imagine that you have just met on the street. One of you plays the role of François(e) and introduces the other two people to each other. The two greet each other and then say good-bye. Switch roles for each situation.

François(e) présente:
1. Paul à Anne (étudiants)
2. Marie Le Goff, son amie *(friend)*, à Monsieur Garnier, son prof
3. Madame Masson, sa voisine *(neighbor)*, à Monsieur Garnier
4. Georges, son frère *(brother)*, à Anne, sa camarade de classe

The preposition à + the definite article

Compare the following sentences:

◆ RAPPEL: The preposition **à** can mean *to, at,* or *in.*

> Je ne travaille pas ce soir. On va **au** café.
> Je vais **à la** pharmacie.
> Monique est **à l'**hôtel Bristol.
> Sarah habite **aux** États-Unis.

Pronunciation note: The **x** in **aux**, normally silent, is pronounced like a **z** when it is followed by a vowel sound: **aux États-Unis, aux enfants.**

In each example, the preposition **à** is used with a definite article (**le, la, l'**, or **les**). With **le** and **les**, however, it contracts to become **au** and **aux**. No contraction occurs with **la** or **l'**.

à + le → **au**	à + la → **à la**
à + les → **aux**	à + l' → **à l'**

exercices

A. OÙ HABITENT-ILS? Tell in which city or country the following people live.

   Maria / le Portugal
   Maria habite au Portugal.

   Donna / la Nouvelle Orléans
   Donna habite à la Nouvelle Orléans.

1. Takeshi / le Japon
2. Laura / les États-Unis
3. Jean-Louis / la Baule
4. Martine / le Mans

5. Carlos / les Philippines
6. Barbara / le Canada
7. Frédérique / l'Aiguillon
8. Pélé / le Brésil

L'épreuve des Vingt-Quatre Heures du Mans

B. QUESTIONS PERSONNELLES. Work in pairs. Ask your partner whether he or she does the following things often (**souvent**). After your partner responds, switch roles. Remember to make a contraction, if necessary.

   aller à / le café
   —*Est-ce que tu vas souvent au café?*
   —*Non, je ne vais pas souvent au café.*

1. parler à / les professeurs
2. aller à / le cinéma
3. voyager à / les États-Unis
4. voyager à / le Canada
5. aller à / la pharmacie

6. parler à / les camarades de classe
7. aller à / l'hôpital
8. travailler à / la maison *(home)*
9. aller à / l'aéroport
10. parler à / les personnes pénibles

RENSEIGNEMENTS

Two people have just met at a professional conference and are finding out a little about each other.

—Comment vous appelez-vous?

—Suzanne Donnay. Et vous?

—Daniel Serrault. D'où êtes-vous?

—De Suisse.

—Et où est-ce que vous habitez en Suisse?

—À Genève.

—Quelle est votre profession?

—Je suis professeur.

—Vous allez travailler en France?

—Oui, à l'Université de Lyon.

PLAN C

Se renseigner

QUESTIONS TYPIQUES

Comment vous appelez-vous? / Comment t'appelles-tu?

D'où êtes-vous? / D'où es-tu?

Quelle est votre / ta nationalité?

Où est-ce que vous habitez / tu habites?

Quelle est votre / ta profession?

Quel âge avez-vous? / Quel âge as-tu?

Vous allez / Tu vas... visiter / travailler / étudier... ?

A. L'INTERVIEW. Work in pairs. Interview each other to find out as much as you can about your partner. Take notes. Then organize the information into a brief written presentation about your classmate. Use third-person singular (**il/elle**) forms. Begin as follows: **Il/Elle s'appelle...** .

B. UNE INTERVIEW AVEC UNE CÉLÉBRITÉ. Work in pairs. Imagine that one of you is a reporter and the other, a celebrity of your choice. The reporter asks the celebrity several information questions and then presents a brief description of the celebrity to the class, without revealing his or her name. See if the class can guess the identity of the celebrity you have chosen.

• Would you use **tu** or **vous** in this situation?
• The reporter may include descriptive adjectives in the presentation.

C. UNE MANIFESTATION D'ÉTUDIANTS AU QUARTIER LATIN. Following a student demonstration near the Sorbonne in the Latin Quarter, police (**les gendarmes**) are patrolling the streets. One officer stops an American student and asks questions about his or her identity. With a partner, role-play their conversation, using vocabulary for asking for and conveying personal information.

Asking and responding to questions

In Chapter 2, you learned three ways of asking yes/no questions. You also learned several ways of asking information questions. Information questions begin with a particular word or expression that signals the type of information being requested. You know the following ways to request information:

Comment... ?	*How . . . ?*	**Quand...** ?	*When . . . ?*
Où... ?	*Where . . . ?*	**Quel(le)...** ?	*What, which . . . ?*
D'où... ?	*From where . . . ?*	**Qui...** ?	*Who . . . ?*

Comment, Où, and **D'où** are usually followed by either **est-ce que** or an inversion of the subject and verb:

Comment **allez-vous?**	D'où **venez-vous?**
Où **est-ce que** tu travailles?	D'où **est-ce que** vous venez?
Où **travailles-tu?**	

One exception to this rule is the idiomatic expression **Comment ça va?**

Quel(le) and **qui** are often followed by a form of **être**, as follows:

> **Quelle est** votre adresse/nationalité/profession?
> **Qui est** Louis Malle?
> **Qui est**-il?
> **Qui êtes**-vous?

Quel(le) may also be followed by a noun:

> **Quel âge** as-tu?
> **Quel costume** portes-tu?
> **Quelle musique** écoutes-tu?

Note culturelle

LE LANGAGE FAMILIER

Young people often use less formal, even grammatically unorthodox, speech among themselves. For example, instead of asking **Où vas-tu?** or **Où est-ce que tu vas?**, a student might say to another **Où tu vas?** or **Tu vas où?**

exercices

A. POSEZ LES QUESTIONS. Write the questions that could have elicited the following answers. Use **vous**.

> À Limoges.
> *Où habitez-vous?*

1. Philippe Grammont.
2. Bien, merci. Et vous?
3. Journaliste.
4. Du Canada.
5. À Bordeaux.
6. Non, je suis célibataire.
7. J'ai 21 ans.

B. QUESTIONS ET RÉPONSES. Work in pairs. Ask your partner for the following information. Then switch roles.

Demandez à votre camarade:
1. son nom
2. comment il/elle va
3. son âge (ton)
4. sa nationalité (ta)
5. d'où il/elle vient
6. où il/elle habite
7. sa profession
8. son état civil
9. où il/elle travaille

The immediate future

The verb **aller** is also used to express the immediate future (**le futur proche**)—something that is (or is not) going to happen fairly soon. This usage of **aller** is the equivalent of the English expression *going to* + verb. As in English, you simply use the present-tense form of **aller** that corresponds to the subject, followed by the main verb, which remains in the infinitive.

> Nathalie **va être** à Paris avec Michel.
> *Nathalie **is going to be** in Paris with Michel.*

> Je **vais étudier** ce soir.
> *I **am going to study** this evening.*

> Claire et Pauline **vont passer** quelques jours à Strasbourg.
> *Claire and Pauline **are going to spend** a few days in Strasbourg.*

To make the immediate future negative, place **ne** and **pas** around the conjugated form of **aller.**

> Je **ne vais pas** travailler ce soir.

To ask a question in the immediate future, it is easiest to use intonation or **est-ce que.**

> **Tu vas écouter** le concert?
> **Est-ce que vous allez voyager** en Espagne cet été?

Inversion may also be used. Always invert **aller** with its subject. The infinitive goes along for the ride.

> **Allez-vous parler** au professeur?
> **Va-t-il présenter** ses excuses?

A. QU'EST-CE QUE VOUS ALLEZ FAIRE? Tell what you are
going to do in each of the following situations. Some hints are provided.

> Vous êtes à Philadelphie. (Independence Hall / le musée)
> *Je vais visiter Independence Hall.*
> OU *Je vais visiter le musée.*

1. Vous êtes à Paris. (le Louvre / la tour Eiffel)
2. Vous avez un examen demain. (étudier / travailler)
3. Vous ne comprenez *(understand)* pas la leçon. (étudier / écouter)
4. Vous désirez vous relaxer. (regarder la télé / écouter la radio)
5. Vous avez faim *(are hungry)*. (manger un sandwich / une pizza)
6. Vous êtes dans la classe de français. (parler français / écouter)

B. QU'EST-CE QU'ILS VONT FAIRE? Finish the sentences.

Supply the appropriate form of **aller** and an appropriate infinitive.

Dominique est fatigué.
Il *va regarder* la télé ce soir.

1. Robert et Jeannette visitent un jardin public. Ils _____ les roses.
2. Pauline est studieuse. Elle _____ ce soir.
3. Nous voyageons en France. Nous _____ français.
4. Tu as un entretien *(interview)*. Tu _____ une robe.
5. Le cours *(course)* est très difficile. Vous _____ beaucoup!

C. LES PROJETS FUTURS. Work in pairs. Ask each other whether you are going to do the following things. Answer affirmatively if you are likely to do the activity or would enjoy it. If neither, answer negatively.

visiter Paris
—*Est-ce que tu vas visiter Paris?*
—*Oui, je vais visiter Paris.*

caresser un éléphant
—*Est-ce que tu vas caresser un éléphant?*
—*Non, je ne vais pas caresser un éléphant.*

1. écouter la radio
2. aller au cinéma
3. regarder un film italien
4. parler au professeur
5. travailler ce soir
6. préparer le devoir *(homework)*
7. porter des chaussures orange
8. aller en prison

DEMANDER ET ORDONNER

The following people are all making requests.

Un enfant à sa mère
DANIEL: Maman, passe le sel *(the salt)*, s'il te plaît.
MAMAN: Voilà.
DANIEL: Merci.

Une étudiante à un camarade de classe

CHRISTINE: Jacques, tu as un crayon
(pencil)?
JACQUES: Oui, certainement. Voilà.
CHRISTINE: Merci beaucoup.
JACQUES: De rien.

Un directeur de firme à une employée

LE DIRECTEUR: Pardon, Mademoiselle.
Donnez-moi la lettre
que vous avez là, s'il
vous plaît.
L'EMPLOYÉE: Voilà, Monsieur.
LE DIRECTEUR: Merci, Mademoiselle.
L'EMPLOYÉE: Je vous en prie.

PLAN d

Faire une demande

There are several ways to request things.

One way is simply to ask a direct question to obtain what you need.

—Jacques, tu as un crayon?
—Pardon, Monsieur. Où est la Sorbonne?

A second way is to make a statement with a request implied.

—Pardon, Monsieur, je cherche la Sorbonne.

Finally, you can use the **tu** or **vous** form of the verb without the subject
pronoun, followed by an expression of politeness.

—Passe le sel, s'il te plaît. *(familiar)*
—Donnez-moi la lettre, s'il vous plaît. *(formal)*

When someone grants your request, reply with **Merci** or **Merci beaucoup**.
The proper response to an expression of thanks is **De rien** or, in a very
formal situation, **Je vous en prie**.

Note culturelle

DE RIEN!

Americans either acknowledge that they have done something for someone else *(You're welcome!)* or downplay it *(Don't mention it!)*. The French always minimize what they have done by using **De rien** *(It's nothing!)*.

Activités

A. S'IL TE PLAÎT. Work in pairs. Gather some of the following objects. Then politely request one of the objects from your partner. When you receive it, respond with thanks. Switch roles. You may add additional props.

un bracelet / un cahier *(notebook)* / une chaussure / un crayon / un dollar / une gomme *(eraser)* / un livre *(book)* / un magazine / une montre *(watch)* / une photo / un sac *(handbag)* / un stylo *(pen)*

 un dollar

BOB: *Joan, tu as un dollar (s'il te plaît)?*
JOAN: *Oui, voilà.*
BOB: *Merci (beaucoup).*
JOAN: *De rien.*

B. S'IL VOUS PLAÎT. Your instructor will come around to visit each of the above groups, bringing some props of his / her own. Each student is to request one of the items politely. Remember to use **vous.**

Donner un ordre

The following people are not making polite requests. They are giving orders.

Un professeur exaspéré et impatient
LE PROF: Ne parlez pas! Écoutez! Passez-moi les devoirs! Allez!

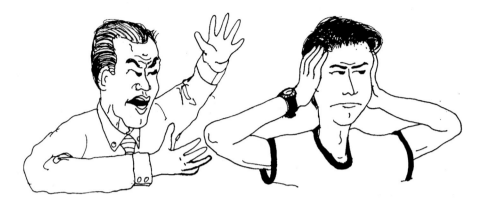

Un papa sévère

PAPA: Richard, où vas-tu?

RICHARD: Je vais chez Patrick.

PAPA: Mais, tu as un examen demain *(tomorrow)*, n'est-ce pas?

RICHARD: Oui, mais Patrick et moi, nous allons au café.

PAPA: Pas question! Tu vas préparer ton examen! Tu vas étudier.

RICHARD: Mais Papa!

PAPA: Ça suffit *(That's enough)!* Ne parle pas de café! Va dans ta chambre *(room)!* Tu vas travailler ce soir!

When directing or ordering someone, there are several possibilities.

A common way is to use the **tu** or **vous** form of the verb without the subject pronoun. Your tone of voice will signal the strength of the order.

> —Cherchez la rue Saint-Jacques. La Sorbonne est là.
>
> —Écoutez! Ne parlez pas!
>
> —Ne parle pas de café! Va dans ta chambre!

You may use the immediate future (**futur proche**).

> —Tu vas préparer ton examen!
>
> —Tu vas étudier ce soir!

Note, however, that this form is very authoritarian. You are in effect telling someone what he or she must do. Use it carefully.

Activités

A. LE PROF TYRANNIQUE. Work in small groups. Elect one student to be the professor. The professor gives orders to other group members, who try to carry them out. Use the **vous** form, and give both affirmative and negative commands. If time permits, switch roles. You may base your commands on the suggestions below, or create your own.

parler / regarder *(who? what?)* / toucher *(what?)* / passer *(what?)* / écouter / travailler / chercher *(what?)* / étudier

🔊 parler   *Ne parlez pas!*

B. LA CLASSE SE RÉVOLTE. Now it's your turn to tell your instructor what to do. Give him or her the same kinds of commands you used in *Activité A.*

C. UN PARENT ET UN ENFANT OBÉISSANT/INCORRIGIBLE. A parent tells a child what to do. The child is either obedient or defiant. Working in pairs, role-play this situation. The child can agree to everything, disagree with everything, or alternate. Use the **futur proche.** If time permits, switch roles. You may add your own commands.

🔊 PARENT: *Tu vas travailler!*
ENFANT OBÉISSANT: *O.K. Je vais travailler.*
ENFANT INCORRIGIBLE: *Non, je ne vais pas travailler!*

◆ RAPPEL: Remember to elide the final **s** in **vai**s and **pa**s with a following vowel sound **(aller, écouter, étudier).**

1. travailler
2. aller à la pharmacie
3. écouter le professeur
4. étudier

5. porter une cravate / une robe
6. retourner bientôt *(come back soon)*
7. préparer l'examen
8. chercher le livre

The command form

When requesting and, especially, when giving orders or directions, the imperative, or command, form of the verb is used.

—**Passe** le sel, s'il te plaît.
—**Écoutez! Répétez!**
—**Va** dans ta chambre!

Pass the salt, please.
Listen! Repeat!
Go to your room!

The imperative (**l'impératif**), as in English, consists of the present-tense form of the verb *without* the subject. *(Go to your room—the you is implied.)* Here are the imperative forms of the -er verbs **écouter** and **aller.**

	écouter	aller
(tu)	Écoute!	Va chez Pierre!
(vous)	Écoutez!	Allez chez Pierre!
(nous)	Écoutons!	Allons chez Pierre!

In writing, the final (silent) **s** of the **tu** form is dropped for **-er** verbs. The pronunciation remains the same.

To form the negative of the imperative, place **ne (n')** and **pas** around the verb. In speaking, accent the word **pas.**

—**N'allez pas** au café!   *Don't go to the café!*
—**Ne parle pas!**   *Don't talk!*

There is a form of the imperative that corresponds to **nous.** This is not a command; it is used to make a suggestion or proposal (English equivalent: *Let's . . .*).

—**Allons** au cinéma!   *Let's go to the movies!*
—**Ne travaillons pas** ce soir!   *Let's not work this evening!*

A. ON DONNE DES ORDRES. Write the imperative forms of the verbs.

1. Louise à un camarade de classe: _____-moi ton livre un moment, s'il te plaît. (passer)
2. Le prof, aux étudiants: _____ français, s'il vous plaît. (parler)
3. Monsieur Leclerc à Madame Leclerc: _____ la photo. Elle est amusante. (regarder)
4. Monsieur Leclerc à ses deux enfants: _____ bien! (étudier)
5. Jacques propose une activité à ses amis: _____ au cinéma ce soir. (aller)
6. François à sa petite amie *(girlfriend)*: Oh, ne _____ pas ce week-end! (travailler)
7. Maman à sa fille *(daughter)* Nicole: _____ chercher un stylo. (aller)
8. Martine propose à sa famille: _____ un bon dîner pour les cousins. (préparer)
9. Monsieur Duminy à un employé: _____- moi les papiers, s'il vous plaît. (donner)

B. CONSEILS (Advice). Your friend has had a rough day and wants to relax. Make suggestions about what he or she should or should not do. Use the **tu** form of the imperative.

1. aller au café
2. parler au professeur
3. regarder la télé
4. étudier
5. préparer l'examen
6. écouter des cassettes
7. chercher un bon magazine
8. parler aux amis

A. OBSERVEZ!

Regardez les photos à la page 65 et donnez l'information suivante concernant le couple. Imaginez!

1. l'âge de Nathalie? de Michel?
2. l'apparence physique de Nathalie? de Michel?
3. l'état civil de Nathalie? célibataire? mariée? 2 enfants? veuve? 5 enfants?
4. la profession de Nathalie? étudiante? femme d'affaires *(businesswoman)*? artiste? la profession de Michel? policier? homme d'affaires? chanteur d'opéra?
5. l'adresse de Nathalie? à Paris? dans les Alpes? à Nice? sur la Riviera? l'adresse de Michel? à Paris? à Lyon? à Rome?

B. UNE CONVERSATION.

Pretend that you are a friend of Nathalie. Answer the questions another friend is asking you.

1. Est-ce que Nathalie a un petit ami *(boyfriend)*?
2. Comment s'appelle-t-il?
3. Il est bien?
4. Où est-ce qu'il habite?
5. Quelle est sa profession?
6. Quel âge a-t-il?
7. Est-ce que Nathalie va souvent *(often)* chez lui?
8. C'est sérieux, avec Michel?

C. UN WEEK-END À PARIS.

Nathalie and Michel are going to spend the weekend together in Paris. Imagine a few things they might do. Note the following:

Nathalie aime les bons restaurants, les films de Buñuel et les cafés.
Michel aime les musées, le cinéma, les cafés et les promenades le
long de la Seine *(walks along the Seine)*.

 Ils vont aller au restaurant. Ils vont visiter l'exposition Picasso...

D. LE COCKTAIL AU FESTIVAL DE CANNES.

Imagine that you and your classmates are important entertainers or business executives from all over the world. You are invited to a glittering cocktail party during the Cannes Film Festival, where the common language is French.

Choose an identity for yourself, then mingle among the guests. Greet them and introduce yourself. If appropriate, introduce a third person. Then make small talk—find out about others at the party (nationality, where they live, profession, etc.).

End your conversation by requesting something from one other person, who will either grant it or refuse. Be as outrageous as you want to. Remember, the Cannes Festival is notorious for the eccentric behavior of some of the invited guests!

E. À L'AGENDA. Write five things that you are going to do tomorrow. Then write five things that you are not going to do. Use your imagination. Choose verbs from the list below.

aller / arriver / chercher / demander / écouter / étudier / manger / parler / porter / préparer / présenter / regarder / toucher / travailler / voyager

F. CONSEILS. Your cousin will soon be a freshman at the university. Give him or her advice about what to do and what not to do, using the command form (imperative). Choose verbs from the list above.

G. D'UNE CULTURE À L'AUTRE. Look at the photograph and answer the questions.

Paris tout entier. J'ai deux amours, mon parfum et Paris.

1. This ad capitalizes on the association of perfume with Paris. Can you give some of the reasons for this association? The ad juxtaposes a silhouette of the Eiffel Tower, perfume, and a woman in the same frame. What overall message are these elements meant to convey?
2. Think of similar kinds of associations that might be made for other cities.

   ◼ Paris and *perfume*

   a. New York and _____   d. Moscow and _____
   b. London and _____   e. Rome and _____
   c. Tokyo and _____
3. Does Nathalie seem to embody a traditional female role? Why or why not? What might this ad tell us about French society today? Are there women like Nathalie in the United States?

Watch the videotape for **Chapitre 3.** Then complete the accompanying activities in your workbook.

Vocabulaire

Verbes

aller	to go
chercher	to look for
demander	to ask (for), to request, to demand
donner	to give
étudier	to study
passer	to pass (something); to spend time
préparer	to prepare (for)
présenter	to present; to introduce (someone to another person)
se présenter	to introduce oneself, to introduce each other
travailler	to work

Présentations

Je m'appelle / Je suis...	My name is / I'm . . .
Je te présente / Je vous présente...	Let me introduce (to you)...
Enchanté(e).	Pleased to meet you.

Salutations

Bonjour!	Hello!
Salut!	Hi!
Comment allez-vous?	How are you?
Comment ça va? Ça va?	How's it going? (How are you?)

Je vais / Ça va...

très bien	very well
bien	well
pas mal	not bad
comme ci, comme ça	so-so
mal	bad, not too good
très mal	very bad

Prendre congé

Au revoir!	Good-bye!
Salut! Ciao!	So long!
À tout à l'heure!	See you in a while!
À bientôt!	See you soon!
À demain!	See you tomorrow!

Expressions de politesse

Pardon, Monsieur/Madame/ Mademoiselle.	Excuse me.
S'il te plaît. S'il vous plaît.	Please.
Merci (beaucoup, bien).	Thank you (very much).
De rien. Je vous en prie.	It's nothing. You're welcome.

Lecture I

Y ou are about to read a selection from a French magazine. As you read, you will recognize words similar to English, known as cognates, as well as French words you have just learned. It should quickly become clear that you already know more French than you think.

Avant La Lecture

1. What do you like to know about a movie before you go see it? List four or five things.
2. What do you try to find out about your favorite actors or actresses?
3. This reading selection is made up of three sections. What kind of information do you think each section might provide?

Les films qui se tournent, tout autour du monde...
Les nouveaux venus à cette étape sont indiqués d'un point rouge.

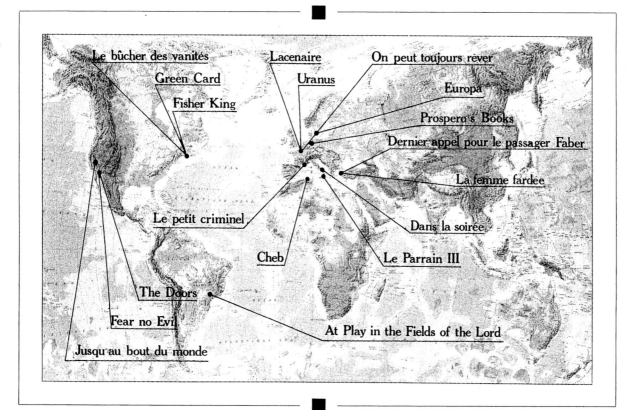

■ PACIFIC HEIGHTS ■

● Réal[isation]: **John Schlesinger**, Prod[uction]: Scott Rudin, William Sackheim, Act[eurs]: **Melanie Griffith, Matthew Modine, Michael Keaton.**

Notes: John Schlesinger a terminé le tournage début mai à Los Angeles. Il s'attaque désormais au montage de "Pacific Heights" qui sortira cet automne aux États-Unis. Le réalisateur de "Macadam Cowboy" se situe à mi-chemin entre le suspens et le drame psychologique. L'histoire d'un couple de jeunes mariés qui partage sa nouvelle maison avec un locataire pas tout à fait recommandable. Melanie Griffith ("Working Girl"), qui vient d'enchaîner avec "Le bûcher des vanités" et Matthew Modine ("Birdy", "Full Metal Jacket") interprètent les jeunes mariés. Pour le locataire perturbateur, Schlesinger a fait appel à Michael Keaton qui n'avait pas tourné depuis le méga-succès de l'an dernier, "Batman".

Melanie Griffith et Mathew Modine

■
SIMONE SIGNORET
■

(Simone Kaminker). Née le 25 mars 1921 à Wiesbaden (Allemagne). Après ses études secondaires est engagée en 1940 comme secrétaire-assistante au journal "Les nouveaux temps". Décide l'année suivante de faire du cinéma. N'obtient que des figurations et des petits rôles, jusqu'aux "Démons de l'aube", réalisé par son mari Yves Allégret. Divorcée de ce dernier dont elle a une fille, Catherine, également actrice, épouse Yves Montand en 1951. Sur scène, a interprété "Dieu est innocent" de Lucien Fabre (1942), "Les sorcières de Salem" d'Arthur Miller (1954/1955), "Les petits renards" ("Little Foxes") de Lilian Hellman (1962/1963), "Macbeth" de William Shakespeare (1966, Londres). Pour la télévision, a tourné "A Small Rebellion" de Stuart Rosenberg (1965), "Un otage" (1969), "Madame le juge" (1976/1977), ainsi que "Thérèse Humbert" (1983) et "Music-hall" (1985) de Marcel Bluwal. En 1964, a enregistré "La voix humaine" de Jean Cocteau. Entre autres récompenses a reçu le Prix de la meilleure interprétation féminine au Festival de Cannes et l'Oscar de la meilleure actrice pour "Les chemins de la haute ville", et le César de la meilleure actrice pour "La vie devant soi". A adapté en français "Little Foxes" de Lilian Hellman (1962), traduit "Rêve" de Peter Feibleman (1967) et "Une saison à Bratislava" de Jo Langer (qu'elle a également préfacé) (1980) et est l'auteur de trois ouvrages: "La nostalgie n'est plus ce qu'elle était" (1976), "Le lendemain, elle était souriante..." (1979) et "Adieu Volodia" (1985). Décédée le 30 septembre 1985 à Autheuil-Anthouillet (Eure).

Source: *Studio Magazine* n° 39—juin 1990

Après La Lecture

A. EN TOURNAGE

1. Look at the map on page 85 and indicate in which country each movie is being filmed, according to the model below.

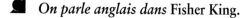 *On tourne* Green Card *à New York aux États-Unis. C'est un film américain.*

2. What language is spoken in the following movies: *Fisher King, Green Card, Le Parrain III, Europa, Prospero's Books, Cheb, Le petit criminel?*

On parle anglais dans Fisher King.

3. Describe two actors or actresses you know who are in the films shown on the map. Tell what film they are in, their age, their nationality, and their marital status.

B. CINÉMA FRANÇAIS: SIMONE SIGNORET

In the text about Simone Signoret, find the following information.

- when and where she was born
- her real name
- if she was married (divorced)
- how many different jobs she had
- how many French films she made
- her citizenship
- how old she was when she died
- if she had children
- what prizes she received
- how many foreign films she made and in which countries

C. PACIFIC HEIGHTS

1. In the review of *Pacific Heights,* find the following information.
   - the type of movie it is
   - the characters in it
   - Melanie Griffith's other movies. What do you know about her parts in those?
   - where and when the movie was filmed
2. What other information can you provide about *Pacific Heights?*

D. OPINIONS

1. Allez-vous souvent au cinéma? Pourquoi (pas)? Expliquez.
2. Quelle sorte de films aimez-vous/détestez-vous? Expliquez et donnez des exemples.
3. Aimez-vous les films étrangers? Pourquoi (pas)?
4. Quels pays aimez-vous voir *(to see)* dans les films? Pourquoi?

Activités

A. Think of two celebrities your classmates can ask you questions about. In order to guess, they are only allowed to ask yes/no questions.

B. You answer an ad placed by a movie company for extras (**figurants**).
1. Explain why you should get the leading role. Describe your personality and qualifications.
2. The movie company trusted you, and you have become a star. During interviews, what questions are you asked, which do you answer, which do you refuse to answer? Practice in pairs. Vary the questions and answers (use negations, yes/no questions, others).

C. You are a journalist for the magazine *Première*.
1. Write up a short «**fiche-info**» *(info card)* on an actor of your choice providing biographical and professional info. Use the Simone Signoret model. Pay attention to the elliptic style of the paragraph.
2. Write up a **fiche-info** on a movie of your choice, using the *Pacific Heights* model. Indicate what movie, who (**acteurs, producteur, réalisateur**), where, when, a few specifics about the filming, the actors, and the scenario.
3. You have been given the opportunity to interview the movie star of your choice provided you come back with a top-rate article, possibly a scoop. Whom do you pick? What do you ask? Give a report of the interview with a partner.

La salle de classe

objectives

Identifying and locating classroom objects

Talking about and interacting with people

Counting to 99

Indicating possession

Describing and comparing people and things

Mise en scène
Mise en forme

1 Les enfants sont
autour de *(around)* la table.
Il y a des objets sur la table. Et les chaises?

2 Combien d'enfants
y a-t-il dans la classe?
20... 40... 50... ou 70?

3 C'est Olivier.
Il porte des lunettes.
Il a les cheveux blonds et courts.
Il travaille bien à l'école.

4 Qu'est-ce qu'elles
ont? Un cahier, un crayon.
Derrière elles, il y a une carte, des photos.

5 «Elle *(l'école)* est
plus belle. Et puis... elle est
gentille.»

6 «Elle *(l'école)* est
mieux *(better)* que chez moi.
C'est plus grand... C'est plus propre.»

WHERE DOES THIS SCENE TAKE PLACE? HOW OLD ARE THE CHILDREN? WHAT ARE YOUR FIRST IMPRESSIONS OF THIS CLASSROOM? DID YOUR OWN CLASSROOMS LOOK LIKE THIS? DO YOU SEE ANY DIFFERENCES?

 **EN CLASSE**

Voici une salle de classe. Comme vous remarquez *(notice)*, c'est le désordre.
Est-elle typique?

Dans la salle de classe

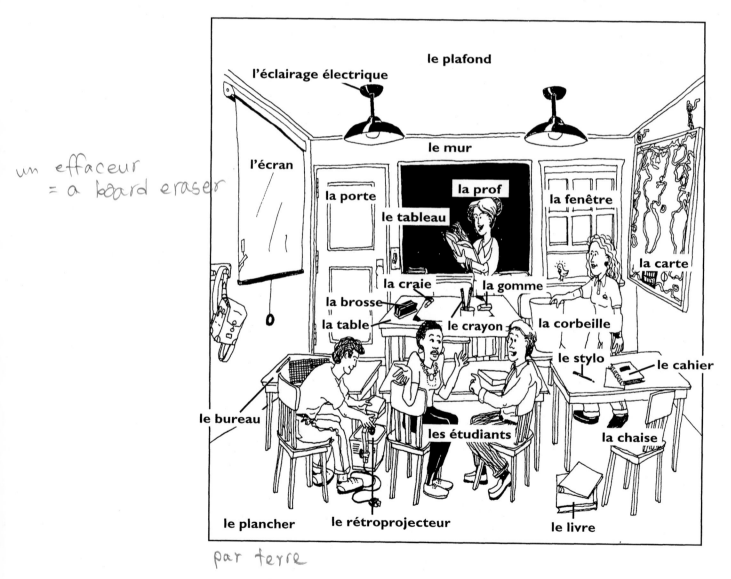

un effaceur
= a board eraser

par terre

COMMENT SITUER LES CHOSES

Regardez la salle de classe!
> La porte est **à gauche.**
> La fenêtre est **à droite.**
> La table est **au milieu.**

Et où est la prof?
> Elle est **devant** le tableau et **derrière** la table.

LA PROF À UN ÉTUDIANT: Michel, mettez *(put)* le rétroprojecteur **sur** *(on)* la table.

LA PROF À UNE ÉTUDIANTE: Patricia, mettez la corbeille **sous** *(under)* la table.

UNE ÉTUDIANTE: Où est mon *(my)* sac?

UN ÉTUDIANT: Regarde! Il est **à côté de** *(next to)* l'écran.

L'ÉTUDIANTE: Merci, mais où est mon stylo?

L'ÉTUDIANT: **Dans** *(in)* le sac, probablement.

◤ Note culturelle

THE NEW FRENCH CLASSROOM

Open classrooms conducive to movement, experimentation, and discovery have largely replaced the traditional, more regimented French classrooms of the past. In the **Mise en scène/Mise en forme,** you saw an extraordinary example of this new type of classroom. The architect who designed this school modelled it on an Arabic *souk*, a covered market extending over a number of small, winding streets and lanes. Such a design is intended to awaken the curiosity of the children and to stimulate their desire to learn.

This differs significantly from the classroom atmosphere of years gone by, where the teacher wielded unquestioned authority and pedagogy was based on memorization. Today, students participate fully in the learning process.

From your own experience in primary and secondary school, do you recognize aspects of the new French classroom? Can you imagine why it has changed so much in the past 10 or 20 years? Might this be an example of Americanization?

A. LES OBJETS DANS LA SALLE DE CLASSE. Work in pairs. List all the objects you see in your classroom. Try to describe them by color or size and, if possible, by number.

> *Il y a un tableau noir, des livres bleus, trois cahiers jaunes,*
> *huit cahiers rouges, etc.*

B. QU'EST-CE QUE C'EST? Identifiez et situez les objets suivants. Écrivez et prononcez les réponses.

> *Le stylo est dans le livre.*

1.

by using ou mes

sous

2.

à gauche

3.

4.

5.

6.

la porte

entre

derrière

devant

C. SUR LA CHAISE. Work in pairs. Arrange familiar objects on, under, or around your chair. Have your partner tell you where they are in relation to the chair. Switch roles.

> —*Sur la chaise, il y a un cahier et un crayon.*
> —*À côté de la chaise, il y a une chaussure.*
> —*Devant la chaise...*
> —*Derrière la chaise...*

Structure 1

Locating with prepositions
De + the definite article

LOCATING WITH PREPOSITIONS
You have already learned several prepositions that indicate location or direction. Do you remember the prepositions used with geographical names?

à	*(to, in, at)*	J'habite à Louisville, **aux** États-Unis.
en	*(to, in, at)*	Nous allons **en** Italie dans deux mois.
de	*(from, of)*	Est-ce que tu viens **de** Belgique?

Here are more prepositions and prepositional phrases.

devant	*in front of*	**sur**	*on*	**à côté de**	*beside, next to*
derrière	*behind*	**sous**	*under*	**autour de**	*around*
entre	*between*	**dans**	*in*	**en face de**	*across from*
à gauche	*on the left*	**avec**	*with*	**près de**	*near*
à droite	*on the right*	**au milieu**	*in the middle*	**loin de**	*far from*

La voiture est **devant** le café.
Je vais au cinéma **avec** Roger.
Il y a une corbeille, là, **sous** la table.
Minneapolis est **près de** St. Paul. Boston est **loin de** Dallas.
Les toilettes sont **en face de** la cafétéria.
Il y a une pharmacie juste **à côté de** l'hôtel.

DE + THE DEFINITE ARTICLE
You know that the preposition à contracts with **le** and **les** to become **au** and **aux.** The preposition **de** also contracts with these articles.

de + le → **du**   de + les → **des**

Note that like **à, de** does not contract with **la** or **l'.**

de + la = **de la**   de + l' = **de l'**

Mon appartement n'est pas loin **du** parc.
La cafétéria **de l'**université est à côté **de la** résidence **des** étudiants.
Je viens **des** États-Unis.

exercices

A. D'OÙ ARRIVENT-ILS? *(Where have they come from?)*
Tell where the following people have just come from. Follow the model.

 Monsieur Giroux / l'université
Monsieur Giroux arrive de l'université.

1. Madame Giroux / le Portugal
2. Mario / l'hôtel
3. Françoise / le restaurant
4. Marc / la cafétéria
5. le président de la République / les États-Unis

B. SITUEZ LES CHOSES. Faites des phrases complètes.

professeur / devant / classe
Le professeur est devant la classe.

1. tableau noir / à côté de / porte
2. projecteur / sur / table
3. hôtel / en face de / café
4. salle de classe / près de / toilettes
5. aéroport / loin de / hôtel
6. cahier / dans / auto

C. DE QUOI PARLEZ-VOUS? *(What are you talking about?)*
Imagine that you are talking with a group of your friends. A late arrival joins your group and asks what you are talking about. Choose five subjects from the list that you would most likely be discussing. Try to add a few of your own. Use complete sentences.

la cuisine chinoise
Nous parlons de la cuisine chinoise.

- les films
- la musique rap
- l'histoire américaine
- le sport
- les profs

- les amis
- l'art
- les voitures
- la politique
- le théâtre

DANS L'AMPHI-THÉÂTRE

C'est le premier jour de l'année scolaire *(the school year)*, et il y a quatre-vingt-quinze *(95)* étudiants dans l'amphithéâtre. Marc est à côté de Géraldine. L'attraction est immédiate.

MARC:	Salut!
GÉRALDINE:	Salut!
MARC:	Je m'appelle Marc Girardet.
GÉRALDINE:	Géraldine Allard.
MARC:	D'où es-tu?
GÉRALDINE:	De Versailles, et toi?
MARC:	Je viens de Dieppe.
GÉRALDINE:	Mais, tu habites à Paris, n'est-ce pas?
MARC:	Oui, dans un petit appartement. Écoute, tu aimes le cinéma?
GÉRALDINE:	Oui, bien sûr.
MARC:	Est-ce que tu es libre ce week-end?
GÉRALDINE:	Non, je vais travailler. La semaine prochaine, peut-être *(perhaps)*.
MARC:	Quel est ton numéro de téléphone?
GÉRALDINE:	Quarante-cinq, soixante-seize, quatre-vingt-un, quatre-vingt-dix-huit.

Les nombres de 70 à 99

70	soixante-dix	80	quatre-vingts
71	soixante et onze	81	quatre-vingt-un
72	soixante-douze	82	quatre-vingt-deux
73	soixante-treize	89	quatre-vingt-neuf
77	soixante-dix-sept	90	quatre-vingt-dix
79	soixante-dix-neuf	91	quatre-vingt-onze
		92	quatre-vingt-douze
		97	quatre-vingt-dix-sept
		99	quatre-vingt-dix-neuf

Notice that the pattern you followed for numbers from 20 to 69 changes here. When you reach 70, you keep adding numbers to **soixante**, moving beyond **neuf** to **dix** and into the teens.

The number 71 uses the characteristic **et** construction, without hyphens, for the last time: **vingt-et un** (21), **soixante et un** (61), **soixante et onze** (71). The pattern changes again at 80. Eighty is written **quatre-vingts**, with an **s**, but the **s** is dropped with the numbers 81 to 99. There is no **et** in 81 (**quatre-vingt-un**).

The numbers from 82 to 99 follow the pattern you learned for the numbers from 62 to 79.

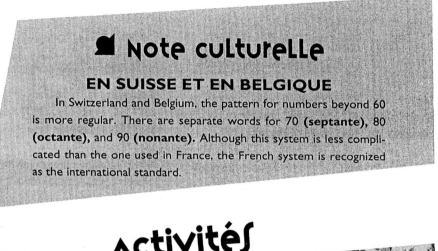

Note culturelle

EN SUISSE ET EN BELGIQUE

In Switzerland and Belgium, the pattern for numbers beyond 60 is more regular. There are separate words for 70 (**septante**), 80 (**octante**), and 90 (**nonante**). Although this system is less complicated than the one used in France, the French system is recognized as the international standard.

Activités

A. ARITHMÉTIQUE. Work in small groups. One person reads an arithmetic problem from the following list. The first person to answer correctly reads the next problem. When you finish, take turns making up your own problems. Be sure that the answer is between 0 and 99.

    50 + 21   *Cinquante plus vingt et un égalent soixante et onze.*
    90 − 10   *Quatre-vingt-dix moins dix égalent quatre-vingts.*
    9 x 5   *Neuf fois cinq égalent quarante-cinq.*

1. 99 − 2
2. 88 + 2
3. 77 − 6
4. 70 + 4
5. 59 − 39

6. 3 x 10
7. 35 x 2
8. 9 x 9
9. 9 x 10
10. 7 x 9 64

B. OBSERVATION ET RECHERCHE. Répondez aux questions suivantes.

1. Combien d'étudiants est-ce qu'il y a dans la salle de classe?
2. Combien de lampes *(lights)* y a-t-il dans la salle de classe?
3. Combien de chaises y a-t-il dans la salle de classe?

4. Combien de jours y a-t-il au mois de décembre?
5. Combien de secondes y a-t-il dans une minute?
6. Combien d'argent *(money)* avez-vous en ce moment?
7. Combien d'états américains y a-t-il?
8. Combien de provinces canadiennes y a-t-il?
9. Combien de départements français y a-t-il?
10. Vous êtes au Sénat américain. Un sénateur est absent. Combien de sénateurs votent?

C. NUMÉROS DE TÉLÉPHONE.

Work in pairs. Tell your partner which of the following people you want to call. Have your partner give you the phone number. Take turns.

—*Je vais téléphoner à Sylvie Labat*
—*Son numéro, c'est le 45.22.84.72.*
—*Merci.*

NOMS - ADRESSES	TÉLÉPHONES
Sylvie Labat	45-22-84-72
Marc Davrine	44-37-09-90
Gilles Piaget	44-33-79-17
Marianne Albert	44-02-88-19
Mémé	45-46-42-09
Tonton Paul	59-56-60-77
Madame Lamy	59-22-18-11
Alain Joffre	44-26-08-01
Madame Mathurin	09-59-51-17

D. À VOUS!

Work in pairs. Pretend that classes have just begun and you are introducing yourselves to each other. You may use the conversation between Géraldine and Marc on page 95 as a model, substituting your own personal information. Make other changes, if you wish.

E. UN ENTRETIEN.

Vous êtes un reporter pour le journal *(newspaper)* des étudiants. Vous allez interviewer un(e) camarade de classe. Posez les questions suivantes pour découvrir sa personnalité.

quels magazines il/elle aime
—*Quels magazines aimes-tu?*
—*J'aime _____ et _____.*

1. quelle sorte de musique il/elle préfère
2. quels films il/elle aime
3. quel cours il/elle déteste
4. où il/elle habite
5. quels vêtements il/elle porte
6. quelles émissions *(programs)* il/elle regarde à la télévision
7. où il/elle travaille après *(after)* les cours
8. quels acteurs, quelles actrices il/elle préfère

À QUI EST-CE?

Sophie is curious about the contents of Véronique's well-stuffed book bag. There is a surprise in store for both of them.

Les objets et la possession

SOPHIE: Qu'est-ce que tu as *(What do you have)* là, dans ton sac?
VÉRONIQUE: J'ai deux livres, un cahier, trois crayons...
SOPHIE: Non, ce truc *(thing)* vert!
VÉRONIQUE: C'est une tortue Ninja!
SOPHIE: Tu as une tortue Ninja?
VÉRONIQUE: Non, elle n'est pas à moi.
SOPHIE: À qui est-elle, alors *(then)*?
VÉRONIQUE: C'est la tortue de mon cousin Nicolas.
SOPHIE: Si la tortue est à Nicolas, pourquoi *(why)* est-elle dans ton sac?
VÉRONIQUE: Je ne sais pas *(I don't know)*. Demande à Nicolas!

A. JEU DE DEVINETTE (Guessing game). Work in small groups. Select a leader. The rest of you place several of your belongings in the middle. The leader points to an object and asks whose it is. The owner responds, then the leader names that person. Continue until at least two objects from each person have been identified.

> —*À qui est (sont) le/la/les ____ ?*
> —*Il(s)/Elle(s) est (sont) à moi.*
> —*Il(s)/Elle(s) est (sont) à (name).*

B. LA BOUM (party) CHEZ PHILIPPE. Imagine that you and your classmates were at a party last night at Philippe's place. People left all sorts of things there. Help Philippe identify their owners.

> une cravate
> *C'est la cravate de John.*

◆ RAPPEL: Use **ce sont** with plurals.

1. un livre de maths
2. une cassette de rock
3. un stylo
4. une montre *(watch)*
5. une chaussette jaune
6. des lunettes

C. QU'EST-CE QUE TU AS? Work in pairs. Ask each other what you have in the following places. Try to name more than one object.

🎴 dans ta poche *(pocket)*
—*Qu'est-ce que tu as dans ta poche?*
—*J'ai une clé (key) et 50 cents.*

1. dans ta poche
2. dans ton armoire *(closet)*
3. dans ton bureau *(desk)*

4. dans ton sac
5. dans ton portefeuille *(wallet)*

structure 2

The verb avoir

Olivier a les cheveux blonds.

Les deux petites filles ont un cahier et des crayons.

The verb **avoir** *(to have)* is irregular. Like **être**, it is a verb with many uses. Here are its present-tense forms.

avoir	
j'ai	nous avons
tu as	vous avez
il/elle a	ils/elles ont

Christine **a** les yeux verts.
J'**ai** les cheveux châtains.
Tu **as** un stylo, s'il te plaît?
Les Pignon **ont** un grand appartement.

After the negative form of **avoir,** the indefinite articles **un, une,** and **des** all become **de** (or **d'** before a vowel sound).

Y a-t-il **des** fenêtres dans la salle de classe?
Non, **il n'y a pas de** fenêtres.

Tu as **une** auto?
Non, **je n'ai pas d'**auto.

◆ RAPPEL: You have already used **avoir** idiomatically to talk about age: J'**ai** vingt ans. You have also used the expression **il y a** *(there is, there are)* which contains the third-person singular form of **avoir.**

Pronunciation note: The final **s** of all four plural subject pronouns, normally silent, is pronounced like a **z** because the next word begins with a vowel sound.

exercices

A. QU'EST-CE QU'ILS ONT? Supply the proper form of **avoir**.

1. Christine _____ 20 ans.
2. Tu ___as___ 10 francs?
3. Nous ___avons___ une Peugeot bleue.
4. J'___ai___ une robe de chez Dior.
5. ___Avez___-vous une cigarette?
6. André et Michel ___ont___ les cheveux roux.
7. J'___ai___ cinq enfants.
8. Catherine ___a___ les yeux marron.

B. UN ENTRETIEN. Work in pairs. One of you pretends to be a celebrity listed on the left. The other asks the celebrity whether he or she has one of the objects listed on the right. Try to select the most logical item. The celebrity answers affirmatively or negatively. Switch roles.

> Abraham Lincoln
> —*Avez-vous une barbe?*
> —*Oui, j'ai une barbe.*
> OU —*Avez-vous une robe rouge?*
> —*Non, je n'ai pas de robe rouge.*

1. Mozart — un uniforme
2. le roi Louis XIV — des questions
3. Emily Dickinson — un piano
4. le général Colin Powell — une pomme *(apple)*
5. le fantôme de l'Opéra — un stylo
6. Barbara Walters — un château
7. Ève — un masque

C. QUESTIONS. Work in pairs. Find out whether your partner has the following things.

> une cravate rose
> —*As-tu une cravate rose?*
> —*Oui, j'ai une cravate rose.*
> OU —*Non, je n'ai pas de cravate rose.*

1. une jupe noire
2. beaucoup d'amis
3. l'adresse du professeur
4. 500 dollars
5. une voiture japonaise
6. un ami amusant
7. un accent italien
8. les cheveux gris

Structure 3

Possession with à and de

You know that one of the uses of the verb **avoir** is to show possession. Possession can also be indicated with two prepositions you already know: **à** and **de.**

POSSESSION WITH À

À **qui** est le chapeau?   *Whose hat is it?*
Il est **à** Lydie.   *It's Lydie's.*

À **qui** sont ces lunettes?   *Whose glasses are these?*
Elles sont **au** professeur.   *They are the professor's*

À **qui** est le cahier? Il est **à vous?**   *Whose notebook is it? Is it yours?*
Oui, merci. Il est **à moi.**   *Yes, thanks. It's mine.*

La Renault est **à lui.**   *The Renault is his.*
La Peugeot est **à elle.**   *The Peugeot is hers.*

As you can see, pronouns like *mine* and *yours* are used to show possession in English. In French, possession can be indicated with the expression **être à** followed by a name, a noun, or a stress pronoun. A stress pronoun is a pronoun that is used as the object of a preposition.

Here are the stress pronouns that correspond to the subject pronouns you already know.

SUBJECT PRONOUNS	je	tu	il	elle	nous	vous	ils	elles
STRESS PRONOUNS	moi	toi	lui	elle	nous	vous	eux	elles

POSSESSION WITH *DE*

In English, possession can be indicated with 's or s'. This idea does not exist in French, however. It can be expressed in French by using the preposition **de** (or its contracted form) with a name or noun.

C'est la voiture **de Jean.**   *It is John's car.*
Voici la cafétéria **des étudiants.** *Here is the students' cafeteria.*
Ce sont les lunettes **du prof,**   *They are the professor's glasses,*
    je pense.   *I think.*

exercices

A. À QUI SONT LES OBJETS?

Supply the stress pronoun (**moi, toi, nous, vous**) that corresponds to the subject of the first sentence.

🐌 *J'ai une voiture.   Elle est à moi.*

1. Tu as des robes. Elles sont à _____.
2. Nous avons un appartement. Il est à _____.
3. Vous avez un caméscope *(video camera)*. Il est à _____.
4. J'ai cinq albums de jazz. Ils sont à _____.
5. Tu as 54 cravates. Elles sont à _____.
6. J'ai trois bracelets. Ils sont à _____.

B. LES PERSONNES ET LES CHOSES.

Match each object on the left with the person to whom it belongs. Use complete sentences.

🐌 C'est une chanson. / Julien Clerc
   C'est une chanson de Julien Clerc.

1. C'est un record de baseball.   Edith Piaf
2. C'est un parfum.   Hank Aaron
3. C'est une chanson *(song)*.   Rupert Murdoch
4. C'est un journal *(newspaper)*.   Marguerite Duras
5. C'est un roman *(novel)*.   Coco Chanel
6. C'est un film.   Matisse
7. C'est un tableau *(painting)*.   François Truffaut

C. LA POSSESSION.

Faites des phrases complètes. Suivez les modèles.

🐌 manteau / secrétaire
   C'est le manteau de la secrétaire.

   crayons / artiste
   Ce sont les crayons de l'artiste.

1. stylo / professeur
2. cahier / directrice *(f.)*
3. salle *(f.)* de classe / petits enfants
4. porte *(m.)* / hôtel
5. livre / Charles
6. revolver *(m.)* / shérif *(m.)*
7. révolte *(f.)* / femmes
8. chapeau / ?

 **LES PERSONNES ET LES CHOSES**

Describing people and objects is an important part of daily life. Here are some additional ways of describing.

◆ RAPPEL: You may want to review the descriptive adjectives you learned in Chapter 1.

Décrire et comparer

DÉCRIRE LES PERSONNES ET LES CHOSES

Jean-François est un **bon** étudiant.
L'école est très **bonne** aussi.

Antoine porte un **beau** costume à l'entretien.
Chantal porte une **belle** robe aussi.

J'ai un nouveau *(new)* stylo.
J'ai une nouvelle jupe aussi.

C'est un **vieux** projecteur.
La carte est **vieille** aussi.

La Rolls est une **grande** voiture. Elle est **chère** *(expensive)*.
La Porsche est une voiture **rapide**. Elle est **solide**.

Le président est un homme **intelligent** et **sérieux**.
La directrice est une femme **intelligente** et **sérieuse**.

LES ADJECTIFS DE DESCRIPTION

beau (belle)	excellent(e)	optimiste
bon(ne)	grand(e)	pessimiste
cher (chère)	intelligent(e)	rapide
confortable	intéressant(e)	sérieux(-euse)
court(e)	joli(e) *(pretty)*	sincère
drôle *(funny)*	lent(e) *(slow)*	solide
économique	long(ue)	stupide
élégant(e)	mauvais(e)	vieux (vieille)
énergique	nouveau(-elle)	violent(e)
ennuyeux(-euse) *(boring)*		

Activités

A. DÉCRIVEZ LES PERSONNES. Décrivez chaque personne avec un adjectif convenable *(appropriate)*.

💬 *Il est violent.*

1.
2.
3.
4.
5.
6.

B. DÉCRIVEZ LES OBJETS. Décrivez chaque objet avec un adjectif convenable.

💬 un voyage au Japon.
   C'est long.

1. une Ferrari
2. une robe de chez Chanel
3. le film *Texas Chain Saw Massacre*

4. le livre *War and Peace*
5. un bracelet de diamants
6. le Sphinx

C. JEU DE DESCRIPTIONS. Work in pairs. Suggest a well-known person. Have your partner supply an appropriate descriptive adjective. Switch roles.

💬 Harrison Ford
   Il est sincère.

   Bette Midler
   Elle est dynamique.

D. QUESTIONS PERSONNELLES. Work in pairs. Find out about each other by asking and answering the following questions. If you answer in the negative, try to provide an opposite adjective.

🔊 —*Est-ce que tu es sérieux(-euse)?*
  —*Oui, je suis sérieux(-euse).*
OU —*Non, je suis amusant(e).*

1. intéressant(e)
2. optimiste
3. énergique
4. patient(e)

5. content(e)
6. sympathique
7. calme
8. intelligent(e)

COMPARER LES PERSONNES ET LES CHOSES

Comparez le cahier et le stylo.
Le cahier est **plus grand que** le stylo.
Le stylo est **moins grand**.

Comparez Michèle et Denise.
Michèle est **aussi grande que** Denise.

Est-ce que les étudiants sont **aussi intelligents que** les profs?

The comparative forms of the adjective **bon** are irregular:

plus + bon → **meilleur** *(better)*
plus + bonne → **meilleure**
plus + bons → **meilleurs**
plus + bonnes → **meilleures**

Sylvie est une **meilleure** étudiante que Nicole.
Est-ce que les films français sont **meilleurs** que les films américains?

Activités

A. COMPAREZ LES GENS. Comparez les personnes suivantes.

Guillaume Didier   Danielle Chantal   Paul Alfred   Louise Anne   Jacques Renée

1. Qui est plus grand, Guillaume ou Didier?
2. Qui est plus petite, Danielle ou Chantal?
3. Qui est moins gros, Paul ou Alfred?
4. Qui est moins nerveuse, Louise ou Anne?
5. Qui est plus heureux(-euse), Jacques ou Renée?

B. COMPAREZ LES VOITURES. Comparez les autos en utilisant l'adjectif suggéré. Utilisez la formule plus / moins / aussi... que.

◗ la Lamborghini / la Dodge (chère)
   La Lamborghini est plus chère que la Dodge.

1. la Mercédès / la Fiat (solide)
2. la Chevrolet / la Jaguar (élégante)
3. la Porsche / la Peugeot (rapide)
4. la Honda / la Mazda (économique)
5. la Subaru / la Lincoln (longue)
6. la Cadillac / la Pontiac (chère)
7. la Volvo / la Saab (belle)
8. la Ford / la Renault (meilleure / moins bonne / aussi bonne)

C. OPINIONS PERSONNELLES. Work in pairs. Compare the following people or things by stating your opinion and having your partner agree (d'accord) or disagree. Be sure to use the correct form of the adjective.

◗ François Mitterrand / Gérard Depardieu (âgé)
   —*François Mitterrand est plus âgé que Gérard Depardieu.*
   —*D'accord, il est plus âgé.*
OU —*Non, il est moins âgé.*

1. Joan Rivers / Candice Bergen (drôle)
2. les New York Yankees / les Chicago Cubs (bon)
3. *The Great Gatsby* / *Les Misérables* (long)
4. le français / la sociologie (intéressant)
5. la musique rock / la musique classique (joli)
6. Bill Cosby / Steve Martin (calme)
7. les chaussettes / les chemisiers (amusant)

structure 4

Regular and irregular adjectives

REGULAR ADJECTIVES (REVIEW)

To make most adjectives feminine, add a final **e** to the masculine form, unless the masculine form already ends in an unaccented **e.**

intéressant	intéressante
dynamique	dynamique

To make most adjectives plural, add a final **s** to the masculine or feminine singular form. If the masculine singular form already ends in **s** or **x,** the plural does not change.

un mauvais livre	des mauvais livres
un film ennuyeux	des films ennuyeux

Adjectives of color that are derived from the names of objects do not change form: **orange, marron** *(a chestnut),* **noisette** *(a hazelnut).*

Most adjectives in French follow the noun they describe. A few are placed before the noun, including:

grand(e)	jeune	bon(ne)	beau (belle)	nouveau(-elle)
petit(e)	vieux (vieille)	mauvais(e)	joli(e)	long(ue)

La Mercédès est une **grande** voiture.
La prof de maths est une **jeune** femme.
Tu aimes le **nouveau** film de Louis Malle?

NOTE: Sometimes, **grand** can follow the noun. When describing a person, **grand** before the noun suggests moral or intellectual stature; after the noun it indicates physical stature.

Le président est un **grand** homme.
*The president is a **great** man.*

Le président est un homme **grand.**
*The president is a **tall** man*

IRREGULAR ADJECTIVES

La fille est heureuse.

«L'école est plus belle et... elle est gentille.»

Some adjectives have irregular feminine forms. The following chart shows the irregular adjectives you already know, grouped by their characteristic feminine endings.

eux → euse	if → ive	il → ille	ien → ienne
curieux → curieuse ennuyeux → ennuyeuse heureux → heureuse nerveux → nerveuse sérieux → sérieuse	actif → active	gentil → gentille	brésilien → brésilienne italien → italienne canadien → canadienne vietnamien → vietnamienne
un enfant **heureux** une fille **heureuse**	un étudiant **actif** une étudiante **active**	un homme **gentil** une femme **gentille**	un film **italien** une auto **italienne**

The following adjectives also have irregular feminine endings. Note that some of these adjectives are placed before the noun they modify.

blanc	blanche	un chapeau **blanc**	une jupe **blanche**
long	longue	un **long** voyage	une **longue** histoire
bon	bonne	un **bon** café	une **bonne** étudiante
cher	chère	un projecteur **cher**	une voiture **chère**
beau	belle	un **beau** livre	une **belle** carte
nouveau	nouvelle	un **nouveau** cahier	une **nouvelle** lampe
vieux	vieille	un **vieux** professeur	une **vieille** table

exercices

A. DESCRIPTIONS. Use C'est or Ce sont to express the following ideas. Make sure the adjective is in the proper form and position.

■ jeune (homme)
   C'est un jeune homme.

1. intelligent (femme)
2. stupide (film)
3. désagréable (enfants)
4. petit (voiture)
5. cher (livres)
6. marron (chaussures)
7. long (voyage)
8. énergique (danseuse)

B. À VOUS! Create your own sentences by using a different adjective with each noun listed in *Exercice A.* Use the adjectives listed or choose others.

 C'est une danseuse intelligente.

C. JEAN ET SYLVIE SE RESSEMBLENT. Jean and Sylvie have been together for so long that they resemble each other in many ways. Express their similarities, using the adjectives below.

 intelligent
   Jean est intelligent. Sylvie est intelligente aussi.

1. curieux
2. actif
3. gentil
4. sérieux
5. optimiste
6. heureux

D. DEUX COUPLES QUI SE RESSEMBLENT. Now pretend that Jean's brother Michel and Sylvie's sister Claire also share the same traits. Express their similarities using the adjectives listed in *Exercice C.*

 intelligent
   Jean et Michel sont intelligents.
   Sylvie et Claire sont intelligentes aussi.

E. PROFESSIONS ET TRAITS DE CARACTÈRE. Work in pairs. Try to find at least three adjectives to describe the typical characteristics of someone who practices each of the following professions.

 un docteur
   Il est sérieux, intelligent, énergique et patient.
OU *Elle est sérieuse, intelligente, énergique et patiente.*

1. un(e) étudiant(e)
2. un professeur
3. une journaliste
4. un serveur *(waiter)*
5. une actrice de cinéma
6. un vendeur *(salesperson)* d'automobiles
7. une politicienne
8. un dictateur

A. LA SALLE DE CLASSE. Select the statements that best describe this picture.

1. L'éclairage: les lampes
   a. Les lampes sont sous les fenêtres.
   b. Les lampes sont sur le mur, derrière les enfants.
   c. Les lampes sont entre les deux fenêtres.
2. Le décor
   a. Les tables sont devant le bureau de la prof.
   b. Les tables sont en face du bureau de la prof.
   c. Les tables sont près du mur.
3. Les enfants
   a. Ils sont sérieux et attentifs.
   b. Ils sont ennuyeux et lents.
   c. Ils sont désagréables et paresseux *(lazy)*.

B. UN ENTRETIEN. Pretend you are a reporter interviewing the children in this class. Prepare a list of questions to ask them.

🗪 —*Est-ce que tu préfères l'école ou la maison (home)?*
—*Tu aimes la prof? etc.*

C. AUTOPORTRAIT. Describe yourself, choosing one adjective from each pair or group. Write your description. Be ready to present it to the class.

🗪 Je suis grand(e) et blond(e). Je suis jeune. Je suis intelligent(e) et sérieux (sérieuse), etc.

grand(e) / petit(e)	optimiste / pessimiste
jeune / âgé(e)	calme / nerveux(-euse)
blond(e) / brun(e) / roux(-sse)	patient(e) / impatient(e)
intelligent(e) / stupide	énergique / paresseux(-euse)
intéressant(e) / ennuyeux(-euse)	sympathique / désagréable
drôle / sérieux(-euse)	agressif(-ive) / passif(-ive)

D. POSSESSIONS. Écrivez des réponses aux questions suivantes.

1. Combien de cahiers avez-vous? De quelles couleurs sont vos cahiers?
2. Combien de livres avez-vous? Quel est votre livre favori?
3. Combien de costumes ou de robes avez-vous? De quelles couleurs sont-ils/elles?
4. Avez-vous une auto? Quelle auto? De quelle couleur est-elle?
5. Est-ce que vous avez un(e) petit(e) ami(e)? Comment est-il/elle?

E. DEMANDER (*RÉVISION*). Work in pairs. Ask your partner if he or she has certain things—for example: **une corbeille, un cahier, un dollar, une Maserati,** etc.

—*As-tu une corbeille?*
—*Oui, j'ai une corbeille.*
OU —*Non, je n'ai pas de corbeille.*

F. D'UNE CULTURE À L'AUTRE. Look at this picture of a French classroom. Observe the physical layout of the classroom and the activities of the students. In what ways is this classroom typical of American classrooms? What features are different?

École primaire: dans la salle de classe

vidéo SYNTHÈSE

Watch the videotape for **Chapitre 4.** Then complete the accompanying activities in your workbook.

Vocabulaire

Verbes

avoir	*to have*
comparer	*to compare*
effacer	*to erase*
interviewer	*to interview*
parler de	*to speak / talk about*
remarquer	*to notice*

La salle de classe—les personnes

un(e) étudiant(e)	*a student*
le professeur (le/la prof)	*the professor, teacher*

La salle de classe—les choses

une brosse	*an eraser (blackboard)*
un bureau	*a desk*
un cahier	*a notebook*
une carte	*a map*
une chaise	*a chair*
une corbeille	*a wastebasket*
une craie	*a (piece of) chalk*
un crayon	*a pencil*
l'éclairage électrique *(m.)*	*the lights*
un écran	*a screen (for a projector)*
une fenêtre	*a window*
une gomme	*an eraser (pencil)*
un livre	*a book*
un mur	*a wall*
un plafond	*a ceiling*
un plancher	*a floor*
une porte	*a door*
un projecteur	*a projector (slide, movie)*
un rétroprojecteur	*an overhead projector*
un stylo	*a pen*
une table	*a table, desk*
un tableau (noir)	*a chalkboard, (black)board*

Quelques prépositions

à côté de	*next to, beside*
à droite	*on/to the right*
à gauche	*on/to the left*
au milieu	*in the middle*
autour de	*around*
avec	*with*
dans	*in*
derrière	*in back of*
devant	*in front of*
en face de	*opposite*
entre	*between*
loin de	*far (from)*
près de	*near*
sous	*under*
sur	*on*

La possession

À qui est le cahier?	*Whose notebook is it? To whom does the notebook belong?*

Il est à Suzanne.	*It's Suzanne's. It belongs to Suzanne.*
à moi.	*It's mine. It belongs to me.*
au professeur.	*It's the professor's. It belongs to the professor.*
C'est le cahier de Suzanne.	*It's Suzanne's notebook.*
du professeur.	*It's the professor's notebook.*
de la secrétaire.	*It's the secretary's notebook.*
Tu as un stylo?	*Do you have a pen?*
J'ai un stylo.	*I have a pen.*

La comparaison

plus cher(s) / chère(s) (que)	*more expensive (than)*
moins cher(s) / chère(s) (que)	*less expensive (than), cheaper (than)*
aussi cher(s) / chère(s) (que)	*as expensive (as)*
meilleur(s) / meilleure(s) (que)	*better (than)*
moins bon(s) / bonne(s) (que)	*less good than, not as good as*
aussi bon(s)/bonne(s) (que)	*as good (as)*

Les nombres de 70 à 99

soixante-dix	70	quatre-vingt-neuf	89
soixante et onze	71	quatre-vingt-dix	90
soixante-douze	72	quatre-vingt-onze	91
soixante-dix-neuf	79	quatre-vingt-seize	96
quatre-vingts	80	quatre-vingt-dix-neuf	99
quatre-vingt-un	81		

La description—quelques autres adjectifs

beau (belle)	*beautiful*
bon(ne)	*good*
cher (chère)	*expensive*
confortable	*comfortable*
court(e)	*short*
drôle	*funny*
économique	*economical*
élégant(e)	*elegant*
énergique	*energetic*
ennuyeux(-euse)	*boring*
excellent(e)	*excellent*
grand(e)	*great, tall*
intelligent(e)	*intelligent*
intéressant(e)	*interesting*
joli(e)	*pretty*
lent(e)	*slow*
long(ue)	*long*
mauvais(e)	*bad*
nouveau(-elle)	*new*
optimiste	*optimistic*
pessimiste	*pessimistic*
rapide	*fast, rapid*
sérieux(-euse)	*serious*
sincère	*sincere*
sociable	*sociable*
solide	*solid, well-built*
stupide	*stupid*
vieux (vieille)	*old*
violent(e)	*violent*

LE CANADA ET LE QUÉBEC

Canada was initially explored and settled by both the British and the French. The British gained domination in 1759, when they defeated the French at the Battle of Quebec. Since that time, native speakers of French in Canada have struggled to maintain their language and culture in the face of a large, and sometimes repressive, English-speaking majority.

Today Canada has two official languages. English is the first language of 62.1 percent of the population; French, of 25.1 percent, most of whom live in the province of Quebec. In recent years, there has been a debate between those French-speakers who want Quebec to remain a part of Canada and those who would prefer to secede from the union. The national government has made great efforts to seek a solution to this problem.

LE CANADA

Superficie: 9 970 610 km^2

Population: 25 857 000 habitants

Langues: l'anglais et le français

Monnaie: le dollar canadien

Capitale: Ottawa

Chef de l'État: la reine d'Angleterre, représentée par un gouverneur général

Chef du gouvernement: le premier ministre

Particularité: État fédéral à régime parlementaire; 10 provinces (dont Québec) et 2 territoires.

LE QUÉBEC

Superficie: 1 356 790 km^2

Population: 6 628 000 habitants

Langues: le français et l'anglais

Monnaie: le dollar canadien

Capitale: Québec

Particularité: Une querelle linguistique entre francophones et anglophones.

FENÊTRE OUVERTE

1. How many provinces are there in Canada? What is its capital? In which province is the capital located?
2. What is the monetary unit of Canada?
3. What is Canada's system of government?
4. Who is the symbolic head of state? Who is the real head of the nation?
5. Is Quebec province relatively well-populated? What percentage of the total population of Canada is represented by the inhabitants of Quebec?
6. How many Canadians speak French as their native language?
7. What are the official languages of Canada? What is its first language?
8. What is the official first language of Quebec province? Do you see any practical or political difficulties with this arrangement?
9. What is the primary political problem in Quebec?
10. What is the provincial capital of Quebec?
11. Can you guess which city in Quebec is the second largest French-speaking city in the world, after Paris?
12. Do you know which American states have a French-language presence because of their proximity to French Canada?
13. Can you think of an American state (or states) where there might eventually be a language conflict like the one in Quebec? Which languages would be involved? What do you think might happen?

La vie universitaire

Discussing your courses

Talking about your daily schedule

Telling time

Talking about fields of study, classes, and course work

Mise en scène Mise en forme

Après leurs
études, les étudiants ren-
trent directement dans l'industrie. C'est une université axée
(centered) sur la formation professionnelle.

1

La rentrée (opening of
school) avant l'heure pour les 800
étudiants de première année de l'Institut Universitaire
Technologique (IUT) de Mulhouse.

2

Les étudiants
sont accoutumés aux
emplois du temps chargés (busy schedules):
«On a l'habitude, quoi.»

3

Sélectionné sur dossier
(record), l'étudiant suit (follows)
ici une formation courte (short).

4

Les IUT sont
victimes de leur (their)
succès. Ils préparent à l'insertion professionnelle.

5

«Nous avons 800
places en première année
et nous avons 4 200 demandes pour rentrer à l'IUT.»

6

DO THESE PHOTOS SHOW SCENES FROM A HIGH SCHOOL OR A HIGHER EDUCATION SETTING? WHAT WORDS SUGGEST THE ANSWER? IS THE IUT A SUCCESS IN FRANCE? HOW MANY STUDENTS HAVE APPLIED THIS YEAR? HOW MANY WERE ACCEPTED?

QUELS COURS SUIVEZ-VOUS?

Regardez cette publicité! Les Presses Universitaires de France présentent une collection de livres pour les jeunes universitaires.

First-year university students in France might buy some of these books to help them with their studies. What would you buy from this new collection if you were:

- un(e) étudiant(e) spécialisé(e) en littérature américaine
- un(e) étudiant(e) spécialisé(e) en économie
- un(e) étudiant(e) de sciences politiques
- un(e) étudiant(e) spécialisé(e) en droit *(law)*
- un(e) étudiant(e) de gestion *(management)*

Les matières

Quels cours suivez-vous?
Je suis un cours de sociologie et un cours de sciences économiques.

LETTRES ET ARTS

les lettres (la littérature)   l'histoire de l'art
la musique   les arts plastiques
l'art dramatique

LANGUES ET CIVILISATIONS ÉTRANGÈRES

les langues étrangères appliquées
l'anglais
l'espagnol
l'allemand
autres langues

SCIENCES HUMAINES

l'histoire
la géographie
la communication et science du langage (CSL)
la linguistique
la philosophie
la psychologie
la sociologie
les sciences politiques

SCIENCES ET TECHNIQUES

les sciences et la structure de la matière (SSM)—la chimie, la physique
les sciences de la nature et de la vie (SNV)—la biologie
les mathématiques
l'informatique *(computer science)*
les études d'ingénieur *(engineering)*

DROIT *(LAW)*, SCIENCES ÉCONOMIQUES ET GESTION *(MANAGEMENT)*

le droit
les sciences économiques
l'administration économique et sociale (AES)
la comptabilité *(accounting)*

SPORTS

les sciences et techniques des activités physiques et sportives (STAPS)

Activités

A. CHOISISSEZ LES LIVRES. The Presses Universitaires de France plans to expand its first-year series to include the titles below. What books would you choose if you were specializing in:

1. Langues et civilisations étrangères
2. Lettres et arts
3. Sciences humaines
4. Droit, sciences économiques et gestion

Introduction à la sociologie

Les grands poètes latins

Anthologie de la littérature espagnole

La gestion d'entreprise

L'informatique

Histoire du baroque français

Mathématiques appliquées I

La Révolution française

L'anglais des affaires

Le surréalisme au cinéma

B. VOS COURS. Vous suivez des cours à l'université. Combien de cours suivez-vous dans chacune *(each)* des six catégories présentées à la page 118?

Vous suivez un cours de français.
Je suis un cours en langues et civilisations étrangères.

Vous suivez un cours d'histoire et un cours de sciences politiques.
Je suis deux cours en sciences humaines.

C. INFORMATION PERSONNELLE. Répondez aux questions.

1. Quels cours avez-vous ce semestre?
2. Quels cours sont difficiles?
3. Quels cours sont faciles *(easy)*?
4. Quels cours sont intéressants?
5. Quel est votre cours favori?
6. Avez-vous une spécialité?
7. Quel diplôme préparez-vous?

structure 1

The verb suivre

The verb **suivre** usually means *to follow*. When used to refer to courses, however, it translates as *to take:* (a course or program).

Here are the present-tense forms of **suivre**:

suivre	
je suis	nous suivons
tu suis	vous suivez
il/elle suit	ils/elles suivent

Pronunciation note: All three singular forms of **suivre** are pronounced alike. (Notice the first-person singular form of **suivre**; it looks exactly like that form of **être**.) The plural forms contain the characteristic **v** sound of the infinitive.

◆ RAPPEL: The **-ent** ending is always silent.

Je **suis** un cours de philosophie.
Les touristes **suivent** le guide.
Est-ce que vous **suivez** une formation longue?

exercices

A. QUI SUIT LES COURS? Tell which course the following people are taking.

🔵 je / histoire
Je suis un cours d'histoire.

1. nous / sociologie
2. tu / sciences politiques
3. Laure / anglais
4. Brigitte et Monique / biologie
5. vous / informatique

B. SUIVEZ! Say what or whom the following people are following, literally or figuratively. Use **suivre** with the appropriate term from the list on the right.

🔵 Paul est étudiant. (l'explication du prof)
Il suit l'explication du prof.

1. Pierre et Chantal visitent un château.
2. M. Maigret est détective.
3. Je porte des vêtements élégants.
4. Nous jouons au tennis.
5. Tu es fasciste.
6. Vous préparez un devoir *(assignment)*.

l'assassin
la balle
le dictateur
le guide
la mode *(fashion)*
les instructions

QUEL JOUR EST-CE?

Les jours de la semaine et l'heure

LES JOURS DE LA SEMAINE

lundi	vendredi	aujourd'hui
mardi	samedi	demain
mercredi	dimanche	
jeudi		

Michèle est étudiante à Lille. Elle va à l'université du lundi au vendredi. Elle reste chez elle le samedi et le dimanche. Regardez son emploi du temps. Est-il chargé?

EMPLOI DU TEMPS

	Heures	Matières	Salle	
lundi	10 h à 11 h 12 h à 13 h 15 h à 16h30	TP Anglais latin linguistique	Bâtiment B Bâtiment A Amphi 2	Salle 150 Salle 202
mardi	9 h à 10 h 10 h à 11 h 14 h à 15 h 16 h à 17 h	linguistique TP Espagnol TP littérature américaine TP Français	Bâtiment B Bâtiment B Bâtiment B Amphi	Salle 303 Salle 125 Salle 150
mercredi	9 h à 10 h 10 h à 11 h 13 h à 14 h 14 h à 16 h	Français TP latin théâtre Espagnol TP	Bâtiment B Bâtiment A Bâtiment C Bâtiment B	Salle 307 Salle 202 Salle 127 Salle 125
jeudi	12 h à 14 h 16 h à 17 h 18 h à 20 h	théâtre Histoire du cinéma Techniques cinématographiques	Bâtiment C Bâtiment A Bâtiment C	Salle 127 Salle 111 Salle 312
vendredi	9 h à 11h30 13 h à 14 h	Français Anglais	Amphi Amphi	

TP veut dire *(means)* les Travaux Pratiques. Ce sont des classes avec moins d'étudiants qu'en amphithéâtre, donc plus personnalisées.

- À quelle heure commence-t-elle *(does she begin)* le lundi?
- À quelle heure va-t-elle au cours de latin?
- Est-ce qu'elle suit un cours d'espagnol le lundi?
- Quels cours suit-elle le lundi?

Activités

A. VOTRE JOUR PRÉFÉRÉ. Imaginez que vous êtes Michèle! Quel est votre jour préféré? Expliquez pourquoi.

B. LES JOURS DE LA SEMAINE. Répondez aux questions.

1. Quel jour est-ce aujourd'hui *(today)?*
2. Quels jours avez-vous une classe de français?
3. Normalement, quel jour est-ce qu'on joue au football universitaire aux États-Unis?
4. Quels jours est-ce qu'on joue au football professionnel en Amérique?
5. Quel est votre jour favori? Pourquoi?
6. Y a-t-il un jour que vous n'aimez pas?

C. MON EMPLOI DU TEMPS. Draw up your schedule of courses for the week. Then work in pairs. Tell your partner on which days you attend your favorite class(es).

■ *Le mardi et le jeudi, j'ai un cours de biologie.*

L'HEURE

Quelle heure est-il? Il est:

neuf heures et quart **dix heures vingt** **onze heures et demie** **midi et demi**

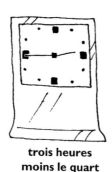

trois heures moins le quart **sept heures moins dix** **minuit**

To distinguish between A.M. and P.M., use the following expressions:

A.M. **du matin** *(in the morning)*
J'arrive à l'université à huit heures et quart du matin.

P.M. **de l'après-midi** *(in the afternoon)*
J'ai un cours de français à une heure de l'après-midi.

du soir *(in the evening)*
Le supermarché ferme *(closes)* à sept heures du soir.

To express a time that is half past the hour, use the phrase **et demi(e)**. When it follows **heure(s)**, **demie** is feminine. When it follows **midi** or **minuit**, **demi** is masculine.

The French use official time (similar to U.S. military time) to announce bus, train, and plane schedules as well as starting times of films, plays, and television programs. All times are expressed in terms of a 24-hour clock. **Midi** and **minuit** are not used, and the hours past 12:00 noon are numbered from 13 to 24. Minutes past the hour are expressed as numbers from 1 to 59.

To convert official time to conversational time, subtract 12 from the hour:
20h15
-12
8h15 (du soir)

	Official Time	Conversational Time
10h15	dix heures quinze	dix heures et quart (du matin)
12h30	douze heures trente	midi et demi (de l'après-midi)
15h45	quinze heures quarante-cinq	quatre heures moins le quart (de l'après-midi)
19h50	dix-neuf heures cinquante	huit heures moins dix (du soir)
22h15	vingt-deux heures quinze	dix heures et quart (du soir)

Activités

A. LE TEMPS OFFICIEL. Replace each of the following official times by its conversational equivalent.

1. dix heures
2. onze heures
3. douze heures
4. treize heures
5. quinze heures
6. seize heures trente
7. neuf heures
8. quatorze heures
9. dix-sept heures
10. dix-huit heures
11. vingt heures
12. onze heures trente

B. À QUELLE HEURE... ? Préparez des réponses personnelles aux questions suivantes. Puis posez les questions à votre partenaire en utilisant **tu**.

1. Quand arrivez-vous à l'université le lundi?
2. À quelle heure commence votre premier *(first)* cours le lundi?
3. À quelle heure avez-vous un cours de français?

4. Quand êtes-vous libre?
5. À quelle heure déjeunez-vous *(have lunch)*?
6. À quelle heure est votre dernier *(last)* cours le lundi?
7. À quelle heure quittez-vous *(do you leave)* l'université?
8. Quand dînez-vous, normalement?

C. À LA TÉLÉ. Work in pairs. You and your friend are looking at tonight's television schedule for **mardi, le premier octobre.** Decide on three programs that you would like to watch.

MARDI 1 OCTOBRE

TF1

06h00 Drôles d'histoires **06h30** Club Mini Zig Zag **07h00** TF1 Matin **07h20** Club Dorothée avant l'école **08h25** Télé shopping **08h55** Haine et passions **09h35** Histoires d'amour **10h00** En cas de bonheur **10h25** Clips **10h30** Les amours des années 50 **10h55** Drôles d'histoires **11h25** Jéopardy ! **11h55** Tournez...manège **12h30** Le juste prix **13h00** Journal de la Une **13h35** Les feux de l'amour **14h30** Côte Ouest **15h30** La clinique de la Forêt Noire **16h15** Riviera **16h40** Club Dorothée **17h30** 21 Jump Street **18h25** Une famille en or **18h40** Santa Barbara **19h20** La roue de la fortune **19h50** Pas folle les bêtes **20h00** Journal de la Une **20h35** Tapis vert

● **20h40 Football**
Coupe d'Europe des Vainqueurs de Coupe. Premier tour - match retour en direct de Monaco: Monaco / Swansea. Commentaires: Thierry Roland et Jean-Michel Larqué (En cas d'égalité à la fin du temps réglementaire, il sera procédé aux prolongations et éventuellement aux tirs aux buts).

21h30 Mi-Temps **21h45** Football. 2ème Mi-temps **22h40** Ciel mon mardi Magazine. Présentation: Christophe Dechavanne. Invité: Chantal Lauby du groupe des Nuls **00h35** TF1 Dernière **00h50** Au trot **00h55** TF1 nuit **01h25** C'est déjà demain **01h45** Histoires d'amour **02h10** Histoires naturelles.

A2 *

09h25 Eve raconte... **09h35** Matin Bonheur **11h30** Motus **12h00** Les mariés de l'A2 **12h30** Pyramide **13h00** Journal **13h45** Des jours et des vies **14h10** Falcon Crest **14h40** Les Brigades du Tigre **15h40** La chance aux chansons **16h10** Drôles de Dames **16h55** Giga **18h10** Des chiffres et des lettres **18h35** Défendez-vous ! **18h45** Mister T **19h10** Question de charme **19h45** La caméra indiscrète **20h00** Journal

● **20h45 Cocoon**
Film fantastique américain de Ron Howard (1984). Avec: Don Ameche, Wilford Brimley, Hume Cronyn Au large de la Floride, dans les ruines d'un temple sous-marin, vingt sarcophages reposent, cocons de pierre où sommeillent. depuis dix mille ans, d'étranges créatures venues d'ailleurs...

22h50 Mardi soir **00h05** Cinéma, cinémas 2ème **01h10** Journal

FR3

11h00 Cuisine de France **11h30** Mémoire **11h55** Espace 3 **12h05** Programme régional **12h30** Editions régionales **12h45** Edition nationale **13h00** Sports 3 images **13h35** Les rivaux de Sherlock Holmes **14h30** Regards de femme **14h55** Histoire de voir **15h00** Musicales **16h00** Zapper n'est pas jouer **17h30** Jef **18h15** Une pêche d'enfer **18h30** Questions pour un champion **19h00** Le 19/20 **20h05** Un livre, un jour **20h10** La Classe.

Une nuit de rencontres et d'amitié entre deux garçons que la situation sociale oppose...

22h10 Soir 3 **22h25** Histoire de voir **22h35** Mardi en France **23h30** Océaniques.

C+

07h00 CBS **07h25** Canaille peluche **07h45** Ca cartoon **08h00** 24 heures **09h00** L'incident **10h55** L'autrichienne **12h30** La grande famille **13h30** Scènes de ménage avec Miou-Miou **13h35** L'amour **14h55** Mon Zénith à moi **15h45** Histoires d'eau **16h15** Monstersquad **17h35** Les Simpson **18h30** Canaille peluche **18h50** Ca cartoon **19h20** Nulle part ailleurs

● **20h30 Un prince à New York**
Comédie américaine de John Landis (1987). Avec: Eddie Murphy, Arsenio Hall, Shari Headley Prince héritier du Zamuda, riche pays d'Afrique, Akeem a tout pour être heureux: un somptueux palais, des serviteurs dévoués et une cour de jolies filles...

22h20 Flash Infos **22h30** Un cri dans la nuit. Film dramatique américain de Fred Schepisi (1989) Avec: Mery Streep, Sam Neill **00h25** Les frissons de l'angoisse.

LA 5 **

07h15 Youpi **08h35** L'impitoyable univers des services secrets **09h30** La Vallée des Peupliers **10h30** Ca vous regarde **11h25** Cas de divorce **11h55** Que le meilleur gagne **12h45** Journal **13h20** Derrick **14h25** Sur les lieux du crime: Un flic gastronome **15h55** L'enquêteur **16h50** Youpi **17h45** Cap danger **18h15** Shérif fais-moi peur **19h05** Kojak **20h00** Journal.

● **20h50 Scout toujours**
Comédie de Gérard Jugnot (1985). Avec: Gérard Jugnot, Jean-Claude Leguay. Que faire lorsque l'autoritaire chef scout 'Bien Bien Fou' se casse la jambe juste avant le départ de la troupe ? Faire appel au fils d'une des grandes figures du scoutisme !...

22h30 Ciné Cinq **22h45** Erotica. Film érotique français de Paul Raymond.

M6

06h00 Clips **11h35** Sébastien parmi les hommes **12h05** Ma sorcière bien-aimée **12h35** Lassie **13h10** Cosby show **13h40** Murphy Brown **14h05** La dynastie des Guldenburg **14h55** Cagney et Lacey **15h40** 6ème avenue **17h35** Les années coup de coeur **18h00** 6ème avenue **18h05** Mission impossible **19h00** La petite maison dans la prairie **20h00** Cosby show.

● **20h35 Toujours plus vite**
Téléfilm de Don Taylor. Avec: Jean-Marc Barr, Anthony Edwards. Une petite ville de l'Oregon Bill Johnson, un adolescent au casier judiciaire déjà bien rempli, est arrêté par

🐌 —*Regardons la Coupe d'Europe de football à 20h40.*
—*D'accord. J'aime bien le football.*

OU —*Non, je déteste le football. Regardons* Un prince à New York *à 20h30.*

* Antenne 2 (A2) has since become France 2 (FR2).

** La 5, now defunct, has been replaced by ARTE, a Franco-German collaboration.

INTERVIEW AVEC UN ÉTUDIANT FRANÇAIS

Luc est étudiant à l'Université de Caen, en Normandie. Il parle de la vie universitaire à un journaliste américain.

LE JOURNALISTE: Luc, en quelle année universitaire êtes-vous?

LUC: Je suis en deuxième année d'anglais, c'est-à-dire *(that is to say)* que je prépare une licence *(diploma)* d'anglais.

LE JOURNALISTE: Comment sont vos cours?

LUC: Le système de cours n'est pas le même qu'aux États-Unis. On a les mêmes cours toute l'année. Les cours sont divisés en cours magistraux—ça, c'est les cours en amphi (amphithéâtre)—et en Travaux Pratiques. Les TP, c'est plus intéressant. On peut *(one can)* poser des questions, on est 30 par TP, on parle au prof. Dans les cours magistraux, on ne dit rien *(you don't say anything)*. On prend *(you take)* des notes et c'est tout.

LE JOURNALISTE: Et les examens?

LUC: On a des examens. On est noté *(you are graded)* sur 20. Il faut avoir 10 pour réussir *(to pass)*. Si on réussit, on a les UV (unités de valeur: *course credits*). Si on ne réussit pas à avoir 10, on peut repasser les examens en septembre. Si on rate *(fail)* encore, on est obligé de reprendre le cours.

LE JOURNALISTE: Est-ce que vous avez des devoirs?

LUC: Oui, des devoirs, des traductions, des exos (exercices).

LE JOURNALISTE: Comment sont les profs?

LUC: En général, les profs, on ne les connaît *(know)* pas. Il y a trop *(too many)* d'étudiants. Il faut travailler seul *(alone)*. Si on ne fait pas un devoir *(if you don't do an assignment)*, le prof ne nous demande rien. À la limite, on ne va pas en classe, si on veut. On vient pour passer *(take)* les examens. C'est difficile. Il faut *(you need)* de la discipline person-nelle.

LE JOURNALISTE: Et ça coûte cher?

LUC: Non, ça ne coûte pas cher du tout. À peu près 1 000F par an, les frais d'inscription *(registration fees)*, l'assurance médicale, et les bouquins *(les livres)*. Mais ce qui coûte, c'est de vivre *(to live)*. Presque *(almost)* tous les étudiants que je connais *(know)* travaillent tout l'été *(the summer)* pour vivre pendant *(during)* l'année. On s'arrange.

LE JOURNALISTE: Est-ce que vous habitez à la cité universitaire *(student residence)*?

LUC: Non, il n'y a pas de place. Ils ont 3 000 chambres pour 21 000 étudiants. J'habite avec deux copains *(friends)* en ville, dans un petit appartement.

◢ Note culturelle

L'ENSEIGNEMENT SUPÉRIEUR EN FRANCE

Les notes (le système de notation)

As Luc told the reporter, students in French universities do not receive letter grades. They are given a number grade from 0 to 20. Do you remember the minimum passing grade? A common joke is that only God gets a 20, and only the professor deserves a 19. An 18 is considered an excellent grade. Would you prefer this method to the American system of grading?

Les diplômes

French universities offer the following degrees:
- le DEUG (diplôme d'études universitaires générales) (two years)
- la licence (three years)
- la maîtrise (four years)
- le doctorat (three years after the maîtrise)
- le doctorat d'état (requires a dissertation; can take many years)

French **Instituts universitaires de technologie (IUT)** offer:
- le DUT (diplôme universitaire de technologie) (two years)

The **Grandes Écoles,** which provide specialized training in such fields as administration, commerce, or fine arts, offer:
- le diplôme de Grande École (two to four years)

In which category would you put the Mulhouse school shown on page 116? In your opinion, is the French system of higher education more or less complicated than the American one?

PLAN C

Les nombres ordinaux

Luc est en **deuxième** année d'université. Il y a deux ans qu'il est à l'université. En **première** année, on ne connaît pas les profs.

Ordinal numbers indicate the order and rank (first, second, third, etc.) of items in a series.

Le **premier** jour de la semaine, c'est lundi.
La **deuxième** ville de langue française, c'est Montréal.
Mon **troisième** cours finit à midi.

With one exception, all ordinal numbers are based on their cardinal counterparts.

- In most cases, simply add **-ième** to the cardinal number (**deuxième**, **troisième**, etc.).
- If the cardinal number ends in an **e** (**quatre, onze, douze**), the e is dropped before the ordinal ending (**quatrième, onzième, douzième**).
- In the case of **cinq**, a **u** is added before the ending (**cinquième**).
- The **f** in **neuf** becomes a **v** (**neuvième**).

The ordinal number corresponding to **un** is **le premier** (**la première**).

un	premier, première		sept	septième
deux	deuxième		huit	huitième
trois	troisième		neuf	neuvième
quatre	quatrième		dix	dixième
cinq	cinquième		onze	onzième
six	sixième		douze	douzième

Pronunciation notes:
- The **s** in **trois** and the **x** in **deux, six,** and **dix** are pronounced like **z** before the ordinal endings.
- There is no contraction or liaison before a vowel sound: **le huitième mois, la onzième dynastie.**

Activités

A. LES DIPLÔMES DE L'ENSEIGNEMENT SUPÉRIEUR.
Reread the *Note culturelle* about French diplomas on page 126. Tell after how many years of study one receives the following:

◀ un DUT
Après la deuxième année d'université, on a un DUT.

1. une maîtrise
2. une licence
3. un doctorat
4. un DEUG
5. un diplôme de Grande École

B. QUESTIONS HISTORIQUES, CULTURELLES ET PRATIQUES. Répondez aux questions.

1. Qui est le premier président américain? le deuxième président?
2. Quel est le septième jour de la semaine?
3. Quel est le onzième mois de l'année?
4. Si vous commencez vos études, en quelle année universitaire êtes-vous?
5. Et si vous terminez, en quelle année êtes-vous?

C. MON EMPLOI DU TEMPS (MON HORAIRE). Décrivez votre horaire de classes, en utilisant les nombres ordinaux. Suivez le modèle.

◀ *Le lundi, ma première classe c'est l'histoire; ma deuxième classe, c'est l'informatique; ma troisième classe, c'est le français, etc.*

The subject pronoun on

Look back at the third photograph on page 116. Referring to the busy schedules of the students, one young man says: «**On a l'habitude, quoi.**» The pronoun **on** corresponds to English subject pronouns that are used in a general sense, such as *they, people, you,* or *one*. Consider the pronouns in the following statements.

> *They* say it's going to rain.
> *One* never knows.

Who are *they?* Who is *one?* These pronouns represent nobody in particular. Rather, they refer to people in general.

The pronoun **on** is used frequently in French. It is sometimes even substituted for **nous** in conversation. Note that **on** is conjugated with third-person singular forms, even when it refers to more than one person

> Normalement, **on va** au restaurant universitaire à midi.
> *Usually, **people (students) go** to the cafeteria at noon.*

> Si **on veut** être docteur, **on fait** des études de médecine.
> *If **you want** to be a doctor, **you study** medicine.*

> **On arrive** à l'université à neuf heures moins le quart.
> ***They/People arrive** at the university at quarter to nine.*

> **On va** au café?
> ***Shall we go** to the café?*

The French often use **on** to express the day or date:

> On est mercredi. *It is Wednesday.*
> On est le 20 mai. *It is May 20.*

A. QU'EST-CE QU'ON FAIT? Complétez les phrases suivantes en utilisant on et le verbe donné.

■ Quand on est en classe / écouter le professeur
Quand on est en classe, on écoute le professeur.

1. Si on n'étudie pas / avoir un F
2. Si on est étudiant / suivre des cours

3. Pour être ingénieur / préparer un diplôme
4. Quand le premier cours est à 10 heures / arriver à 10 heures moins cinq
5. Pour manger / aller à la cafétéria

B. LES PROPOSITIONS. Proposez à votre camarade de faire les activités suivantes. Il/Elle va accepter ou refuser.

 étudier
—*On étudie?*
—*D'accord, on étudie.*
OU —*Non, on n'étudie pas.*

1. suivre un cours de littérature
2. aller au cinéma
3. aller dans un restaurant cher
4. préparer les devoirs
5. travailler à la bibliothèque *(library)*
6. manger dans un café
7. regarder la télévision
8. porter des masques en classe

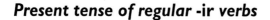

Present tense of regular -ir verbs

You have seen and used a number of regular verbs that belong to the -**er** group. Another group of regular verbs has infinitives that end in -**ir**. All regular -**ir** verbs follow the same conjugation pattern.

Three regular -**ir** verbs are **finir** *(to finish)*, **réussir** *(to succeed, to pass an exam)*, and **choisir** *(to choose)*.

To form the present tense of -**ir** verbs, drop the infinitive ending (-**ir**) to find the stem. Then add the appropriate present-tense ending to the stem. Look at how this works for the verb **finir**.

fin**ir**	
je fin**is**	nous fin**issons**
tu fin**is**	vous fin**issez**
il/elle/on fin**it**	ils/elles fin**issent**

Je **finis** à huit heures du soir.
Réussissez-vous à tous les examens?
Marc et Nathalie **choisissent** une bonne place dans le bus.
Finit-il à cinq heures? **Finissent**-ils à six heures?

Like -**er** verbs, some -**ir** verbs are irregular. One irregular -**ir** verb you have already used is **venir**. For now, do not worry about conjugating irregular -**ir** verbs.

◆ RAPPEL: What are the imperative forms of **finir**? (Hint: **tu, nous, vous**)

Pronunciation notes:
• The present-tense singular forms of -**ir** verbs are all pronounced alike. The final **s** and final **t** are both silent.
• The final -**ent** of the third-person plural form is also silent, but the **s** sound is pronounced.
• When inverting the subject and verb to form a question, the **t** in the third-person forms is sounded in liaison with the following vowel.

A. ON CHOISIT UN FILM. Quelles sortes de vidéocassettes est-ce que les personnes suivantes choisissent? Faites des phrases complètes.

 Monique / un documentaire
Monique choisit un documentaire.

1. nous / un film comique
2. je / un film d'horreur
3. Thérèse et Patrick / un western
4. vous / un film de Bergman
5. André / un film de science fiction
6. tu / un drame psychologique
7. le professeur de français / ?

B. QUESTIONS PERSONNELLES. Répondez aux questions suivantes. Faites des phrases complètes.

1. À quelle heure finit votre première classe?
2. À quelle heure finit votre dernière *(last)* classe?
3. Est-ce que vous réussissez aux examens de français?
4. Est-ce que tous les étudiants réussissent aux examens de français?
5. Vous désirez avoir un semestre intéressant. Quels cours choisissez-vous?
6. Vous êtes masochiste. Quels cours choisissez-vous?
7. À quelle heure finit votre émission de télévision favorite?
8. Est-ce que le cancre *(dunce)* finit les devoirs?
9. Est-ce que le prof finit toujours la leçon?
10. Quel soda choisissez-vous ordinairement?

4ème séquence

LA JOURNÉE TYPIQUE D'UN ÉTUDIANT

PLAN d

À l'université: les études, le travail

Luc est en cours de traduction *(translation)*. C'est un TP qu'il déteste. Il est neuf heures et demie et il a encore une demi-heure de souffrances avant la fin de ce cours abominable. Enfin, le cours est fini et Luc est délivré. Il a encore une traduction de 10 pages à faire pour la semaine prochaine *(next week)*, pour lundi. Encore un dimanche passé à étudier!

Il est dix heures et Luc va à la cafétéria pour boire *(drink)* un café et retrouver *(find)* ses amis. Personne n'est là *(No one is there)*. Il reste là un quart d'heure, puis il va à la bibliothèque pour étudier.

Midi! Luc a faim mais il ne va pas au restaurant universitaire. Il y a trop de monde *(too many people)*. Luc va au café du coin *(the corner café)* pour prendre un sandwich au pâté. Là, il retrouve tous ses copains. Ils sèchent *(cut)* tous leurs cours. Ils n'ont pas envie *(do not want)* de travailler. Luc est content. Il parle à tous ses amis, il s'amuse bien.

14 heures! Luc a un cours d'histoire médiévale. Il ne sèche jamais les cours. Il quitte *(leaves)* ses amis et retourne à la fac (la faculté). Il arrive à l'amphi un peu en retard. Il prend *(takes)* des notes, écoute avec attention. À 15 heures, il rentre chez lui. Ses deux copains sont là. Il discute avec eux un moment, puis va travailler à un devoir de français.

À 19 heures, c'est l'heure du dîner. Il aide ses amis à faire des spaghetti à la sauce tomate. Après le dîner et un bon café, il regarde les informations de 20 heures à la télévision et puis retourne au travail. À 21 heures, il est déjà dans ses livres. Il va au lit *(bed)* à 23 heures. Demain, sa petite amie qui habite à Paris va venir passer quelques jours avec lui. Il est heureux!

◢ Note culturelle

LE CAMPUS

Traditional universities in large European cities consist simply of a group of buildings on a downtown street. The Sorbonne is a typical example of this architectural arrangement. Newer universities in France have a more campus-like setting, but most are still located in or on the outskirts of cities.

Both old and new universities have significant problems of overcrowding. Registering for a course does not guarantee a seat in the lecture hall. Also, French universities do not offer the wide range of social and extracurricular activities usually found in American universities.

How do you think a French student would react to a fraternity or sorority house? How would you react to the difficulty of finding a classroom seat in a course for which you registered?

Activités

A. LES ÉTUDES. Mettez en ordre les actions suivantes. *(Put the following actions in logical order.)*

◆ RAPPEL:
passer un examen
to take a test
réussir à un examen
to pass (succeed on) a test

- Je fais les devoirs.
- J'écoute le prof.
- Je passe l'examen.
- Je prépare l'examen.
- Je prends *(take)* des notes.
- Je réussis à l'examen.
- Je vais en classe.

B. LE MAUVAIS ÉTUDIANT. Avec un(e) partenaire, faites le portrait académique d'un mauvais étudiant. Utilisez les expressions suivantes.

faire attention en classe
Il ne fait pas attention en classe.

1. aller au café
2. aller à tous *(all)* les cours
3. participer en classe
4. faire les devoirs
5. travailler souvent *(often)*
6. préparer les examens
7. réussir souvent
8. rater souvent les examens
9. avoir de bonnes notes

C. AUTOPORTRAIT. Quelle sorte d'étudiant(e) êtes-vous? Êtes-vous comme Luc? comme ses copains? Faites votre autoportrait. Répondez aux questions suivantes ou inventez d'autres questions.

1. Combien de cours suivez-vous?
2. Quand étudiez-vous?
3. Travaillez-vous beaucoup?
4. Séchez-vous des cours?
5. Avez-vous beaucoup de devoirs? d'examens?
6. Que faites-vous le soir?

The verb faire

The verb **faire** is one of the most useful words in the French language. By itself, **faire** means *to do* or *to make*. It is also found in a number of expressions, some of which you have already seen: **faire des études (de)**, **faire attention**.

The verb **faire** is irregular. Here are its present-tense forms:

faire	
je fais	nous faisons
tu fais	vous faites
il/elle/on fait	ils/elles font

Pronunciation note: All three singular forms of **faire** are pronounced alike. Note the **-s, -s, -t** pattern, which also appears in the conjugations of **suivre** and a number of other irregular verbs.

Que **fais**-tu là?	*What (in the world) **are you doing**?*
Je **fais** du café.	*I'm making some coffee.*
Jacques **fait** des études de psychologie.	*Jacques is studying psychology.*

A. QUE FAITES-VOUS À L'UNIVERSITÉ? Quelles études font les personnes suivantes? Faites des phrases complètes.

♦ je / informatique
Je fais des études d'informatique.

1. Barbara et Ève / sociologie
2. nous / physique
3. Thomas / linguistique
4. tu / comptabilité *(accounting)*
5. vous / l'administration des affaires
6. je / ?

B. QUE FONT-ILS? Say what the following people are doing or making. Match each phrase or sentence on the left with the appropriate term on the right.

♦ la société Ford (des autos)
La société Ford fait des autos.

1. Paul Prudhomme (le chef cajun)   une promenade
2. les étudiants sérieux   la cuisine
3. Nous cherchons de l'exercice physique.   un voyage
4. Vous écoutez bien quand le prof parle.   des devoirs
5. Je désire visiter le Japon.   des radios
6. la société Sony   attention

C. QUESTIONS. Demandez à votre camarade s'il (si elle) fait les activités suivantes. Inventez d'autres questions si vous avez le temps *(if you have time)*.

1. des voyages (où?)
2. des devoirs (pour quels cours?)
3. la cuisine
4. du sport (par exemple?)
5. du camping
6. des promenades
7. ?

retrospective synthèse

A. L'IUT DE MULHOUSE. Referring to the *Mise en scène / Mise en forme* on page 116 and the *Note culturelle* on page 126, write a short description of the Mulhouse IUT. Include the following:

- si c'est une formation courte ou longue
- quel diplôme on a
- si c'est facile d'entrer à l'IUT
- comment on entre à l'IUT
- si l'IUT a du succès et pourquoi

B. UN(E) ÉTUDIANT(E) IMAGINAIRE. Work in pairs. Invent an imaginary student, then supply the following information about him or her:

- son nom
- son âge
- son domicile
- une description de la personne
- sa spécialité (Il/Elle fait des études de...)
- les cours qu'il/elle suit (donnez cinq cours)

C. LES PERSONNAGES HISTORIQUES À L'UNIVERSITÉ. Work in pairs. Select one of the following well-known individuals and imagine what kind of student you think he or she was. Then describe his or her school life in the present tense, as if he or she were alive today. Include the following in your discussion: major (if any), courses taken, classroom behavior, homework habits, and success on exams.

- Madame Curie
- Napoléon Bonaparte
- Thomas Jefferson
- Emily Dickinson
- Karl Marx

- John D. Rockefeller
- Marie-Antoinette
- Leonardo da Vinci
- Susan B. Anthony
- Martin Luther King, Jr.

D. UNE INTERVIEW. Work in pairs. Interview each other to find out:

- your major
- when you begin and end each day
- which courses you are taking and when (days and times)
- which courses you like
- which courses you don't like
- which courses are difficult
- which professors are interesting

E. VIVE LA DIFFÉRENCE.   Write a brief summary of the differences between your experiences as a university student and those of Luc, whom you met in this chapter. Refer to pages 125 and 130–131.

F. D'UNE CULTURE À L'AUTRE. The relationship between French professors and students is depicted in the photograph below. There is virtually no relationship between first- and second-year students and their teachers. As a student progresses, the relationship becomes more personal. Thinking about your own experience, how would you describe the American student-teacher relationship? Does this differ from the French experience? If so, how might this difference be explained?

vidéo
SYNTHÈSE
Watch the videotape for **Chapitre 5.** Then complete the accompanying activities in your workbook.

Vocabulaire

Verbes

assister (à)	to attend
avoir l'habitude de	to be used to (something)
choisir	to choose
commencer	to begin
déjeuner	to have lunch
dîner	to have dinner
échouer	to fail
enseigner	to teach
étudier	to study
faire	to do, to make
finir	to finish
passer	to take (an exam)
prendre des notes	to take notes
préparer	to prepare, to study for
quitter	to leave
rater	to fail
réussir	to succeed;
	to pass (an exam)
sécher	to cut (a class)
suivre	to follow; to take (a course)
travailler	to work

À l'université

un amphithéâtre	a lecture hall
une année	a year (in school)
une bibliothèque	a library
une cafétéria	a cafeteria
la cité universitaire	the student residence halls
une classe	a class
un copain, une copine	a friend, pal
un cours	a course
un devoir	an assignment (homework)
un diplôme	a diploma, degree
une école	a school
les études (f.)	studies
un examen	an exam
une faculté (fac)	a school or college within a university
une habitude	a habit
une leçon	a lesson
une matière	a subject (school)
des notes (f.)	(class) notes; grades
le restaurant universitaire	the university restaurant
une spécialité	a specialty, major field
le travail	work

Les disciplines et les matières

Lettres (f.) et arts (m.)	Arts and letters (Humanities)
l'art dramatique	drama, theater
les arts plastiques	plastic arts (painting, sculpture)
l'histoire de l'art (f.)	art history
les lettres	letters
la littérature	literature
Langues (f.) et civilisations (f.) étrangères	foreign languages and civilization
les langues étrangères	foreign languages
Sciences humaines (f.)	Social sciences
la communication et sciences du langage	communications
la géographie	geography
l'histoire (f.)	history
la linguistique	linguistics
la philosophie	philosophy
la psychologie	psychology
les sciences politiques	political science
la sociologie	sociology
Sciences et techniques	Science and technology
les études d'ingénieur (f.)	engineering
l'informatique (f.)	computer science
les mathématiques (f.)	mathematics
les sciences de la nature et de la vie	natural and life sciences
la biologie	biology
les sciences et la structure de la matière	physical sciences
la chimie	chemistry
la physique	physics
Droit, sciences économiques et gestion	Law, economics, and management
l'administration économique et sociale (f.)	(business) administration
la comptabilité	accounting
le droit	law
la gestion	management
les sciences économiques	economics

Sports

les sciences et la technique des activités physiques et sportives	physical education

L'emploi du temps

après	*after*
aujourd'hui	*today*
avant	*before*
demain	*tomorrow*
un horaire	*a schedule*
un jour	*a day*
une journée	*a (particular) day*
une semaine	*a week*
lundi	*Monday*
mardi	*Tuesday*
mercredi	*Wednesday*
jeudi	*Thursday*
vendredi	*Friday*
samedi	*Saturday*
dimanche	*Sunday*
un week-end	a weekend

L'heure

Quelle heure est-il?	*What time is it?*
Il est dix heures vingt.	*It's twenty past ten.*
À quelle heure arrives-tu à l'université?	*What time do you get to the university?*
Quand arrives-tu?	*When do you arrive?*
du matin	*A.M.*
de l'après-midi	*P.M. (afternoon)*
du soir	*P.M. (evening)*

Les nombres ordinaux

premier, première	*first*
deuxième	*second*
troisième	*third*
etc.	

Adjectifs

chargé(e)	*full, busy*
difficile	*difficult*
ennuyeux(-euse)	*boring*
facile	*easy*
libre	*free*
même	*same*
universitaire	*university (life, restaurant, library, etc.)*

Avant La Lecture

1. Think about your weekday schedule. What do you always do? What do you never do? Make a chart of your activities.
2. How different is your schedule from your friends' schedules, your parents', your grand-parents'? How different is your weekday schedule from your weekend schedule or when you are on vacation?
3. Look at the reading selection: the title, the paragraph in bold type, and the photo. What do you think this person's daily life might be like?

L'ŒIL SUR VOUS

BARBARA NICHOLSON, ÉTUDIANTE

22 ANS. ÉTUDES EN SCIENCES ÉCO. REINE DES PETITS BOULOTS. PASSE-TEMPS FAVORI: APPELER LES COPINES. ET RESTER LE DIMANCHE AU LIT... AVEC SON COPAIN.

J'ouvre un œil vers 8 h 30, au moment où mon petit ami Jérôme, 25 ans, part travailler. Il a fini l'Essec et il a trouvé un job de consultant dans un cabinet de conseil. Mes journées se suivent mais ne se ressemblent pas. Je n'ai pas d'emploi du temps précis. Je partage mon temps entre la fac—je suis en maîtrise de sciences économiques—et des petits boulots. Mes premiers réflexes au réveil: me brancher sur France-Info et mettre la bouilloire sur le feu. Je ne prends jamais de petit déjeuner, juste une tasse de thé dans la salle de bains: c'est toujours un quart d'heure de sommeil de gagné! Puis je travaille chez moi jusqu'au déjeuner: trois heures de boulot entrecoupées de coups de fil. J'appelle ma meilleure amie Catherine plusieurs fois par jour. Les notes de téléphone sont salées... Tous les jours, j'ai un déjeuner, avec ma mère, ma tante ou des amis. Sauf le mercredi où je prends des cours de danse classique à la salle Pleyel. À Assas, j'ai des cours trois après-midi par semaine, de 15 h à 20 h. Les jours «sans», je peux souffler: dormir un peu plus et m'occuper de la maison. Tous les quinze jours, avec Catherine, je pars dans ma vieille BX faire un méga-marché au centre Leclerc. C'est moins cher et moins ennuyeux que de faire des courses tous les jours. [...] Deux fois par semaine, je vais chercher un petit garçon à l'école à midi, et je m'en occupe jusqu'à 19 h: square, Lego, bain, dîner. J'adore les enfants. Je fais aussi régulièrement des salons comme hôtesse et des mailings, moins bien payés que les salons mais moins fatigants. Le soir, excepté les jours où j'ai des travaux dirigés jusqu'à 22 h, j'arrive à la maison avant Jérôme. Dès que je rentre, je rappelle toutes les copines qui ont laissé des messages sur le répondeur. On s'échange des petits boulots, des adresses, des tuyaux, par exemple qu'il y a des jeans 501 à 260 francs chez Leclerc. Je suis très système D et assez bricoleuse. Quand on s'est installés, il y a six mois, on a presque tout acheté en solde chez Habitat ou aux 20 % du BHV. J'ai fait moi-même les rideaux, un plaid pour le canapé. J'aime aussi broder, au point compté. La paperasse, les factures, c'est Jérôme qui s'en occupe. Il est aussi organisé que je suis désordonnée. Je lis beaucoup, des journaux, des bouquins d'éco et des romans. Nous n'avons pas de télévision. C'est un choix: nous n'avons pas envie de devenir deux petits vieux qui regardent des débilités tous les soirs. J'adore faire la cuisine, depuis le pot-au-feu jusqu'au gâteau au chocolat. De toute manière, je n'ai pas le choix, Jérôme ne sait faire que les tomates-mozzarelle! Quand je suis vraiment crevée ou en période d'examens, il y a toujours Allô Pizza ou le chinois d'en bas. Nous dînons rarement en tête-à-tête parce que j'adore recevoir. Jamais plus de six personnes: nous n'avons que quatre chaises. Les copains apportent des tabourets. Nous allons peu au restaurant, parfois le week-end, mais on s'en sort tout de suite pour 300 francs.[...] Le samedi soir, on va souvent au cinéma avec la bande (jamais au théâtre, j'adore ça mais c'est hors de prix), on a des pots, des dîners, des fêtes. On se couche généralement très tard, et le dimanche, le rêve, je ne me lève pas de la journée.

OLIVIA DE LAMBERTERIE

Source: *Elle*, 28 octobre 1991

Après La Lecture

A. TEMPORAL EXPRESSIONS

1. In French, one common way of expressing the regularity of certain activities is to use **tous** as in: **tous les jours, toutes les semaines, tous les ans etc...** For parts of the day and days of the week you may do the same (**tous les matins, tous les lundis**) or simply use the definite article (**le matin, le lundi**).
    - Find instances of what Barbara does every weekend, every evening, every morning.
    - Write four examples of what you do regularly, using **tous** or **le**.
2. If there is a break in the regularity you might want to say **sauf** or **excepté: je ne prends jamais de petit déjeuner, sauf le dimanche.**
    - Find one example of this in the reading selection and write three sentences using the same pattern.
3. You express time with the preposition **à: j'ai cours à 3h.** If you want to express the approximate, and not the exact, time you use **vers: je vais arriver vers 10 heures.** If you want to express the beginning and the end of a certain activity, you use **de... à: j'ai cours de 3 à 5 heures.** To emphasize how long something lasts you can use **jusqu'à: je vais étudier jusqu'à 11 heures.**
    - Find instances of these time expressions in the reading selection.
    - Write two sentences for each preposition referring to your schedule or habits.

B. NOUS / ON

1. Find four instances of sentences using **on** as subject. Decide what **on** means in each instance.
2. Find all sentences using **nous** as a subject and transform them into **on** sentences.

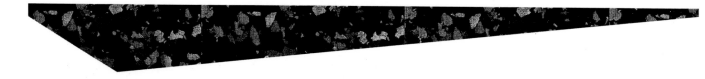

C. ALTERNATIVES

The words and expressions on the right are all found in the reading selection. They are colloquial/slang alternatives of the words in the left-hand column. Try to match them up.

1. très cher	a. des débilités
2. l'université	b. des pots
3. le livre	c. salées/hors de prix
4. je me relaxe	d. la fac
5. des stupidités	e. le boulot
6. à deux	f. je suis système D
7. le travail	g. crevée
8. fatiguée	h. en tête-à-tête
9. des boissons (café, Coca…)	i. le bouquin
10. je suis pratique, économe	j. je souffle

D. Qu'est-ce que Barbara et Jérôme font: toujours, souvent, rarement, jamais. Faites une liste pour chaque catégorie.

E. D'abord, faites un tableau *(chart)* de l'emploi du temps de Barbara. Ensuite jouez la scène suivante avec un ou une partenaire.

> Vous êtes Barbara et vous voulez prendre un rendez-vous chez le dentiste.
> Vous téléphonez. La secrétaire propose différents jours et heures.

Expliquez pourquoi ces rendez-vous ne conviennent pas avant de trouver une heure qui convient *(is suitable)*.

A. Décrivez l'emploi du temps de Jérôme. Faites un tableau *(chart)* similaire au tableau de Barbara. Font-ils des tâches *(chores)* typiques de leur sexe. Qui fait le plus de choses?

B. Réorganisez leurs deux emplois du temps pour qu'ils soient plus équitables.

C. Imaginez une conversation téléphonique quotidienne de Barbara avec une copine.

D. Comparez votre routine d'étudiant(e) à la routine de Barbara. Est-elle différente ou similaire?

E. Quels sont les avantages et les inconvénients de la vie d'étudiant(e). La vie professionelle est-elle plus agréable? Écrivez un petit paragraphe.

chapitre 6

travail, carrière et ambitions professionnelles

objectives

Identifying occupations

Discussing career plans

Talking about the world of work

Expressing numbers to millions

Mise en scène Mise en forme

«Je m'appelle
Cloé et je voudrais *(would
like)* être journaliste pour poser plein (beaucoup) de
questions... Je voudrais habiter une grande maison.»

«Je m'appelle
Pénélope. Je voudrais être
actrice parce qu'on change beaucoup de personnages,
et j'aime bien.»

«Je m'appelle
Sara et je voudrais faire
metteur en scène, réalisatrice *(director)* pour faire
plein de films comiques... »

«Je m'appelle Julia et
je voudrais être cavalière de
concours *(horse racer)*... Je voudrais être un gros bébé...
Et une de mes activités préférées, c'est de bavarder et
de critiquer les gens.»

LOOK AT THE PHOTOGRAPHS. WHAT WOULD THESE GIRLS LIKE TO BE WHEN THEY GROW UP? FOR EACH CAREER, LIST SOME REQUIRED SKILLS. FOR INSTANCE, WHAT SKILLS WOULD CLOÉ NEED TO BE A GOOD JOURNALIST?

QUELLE EST VOTRE PROFESSION?

PLAN A

Les professions et les métiers

Il est dentiste.

Elle est pharmacienne.

Il est vétérinaire.

Elle est avocate.

Il est politicien.

Elle est journaliste.

C'est un scientifique.

C'est une informaticienne.

C'est un acteur.

C'est une danseuse.

C'est un ouvrier.

C'est une vendeuse.

Some professions have a feminine form—for example, **un avocat / une avocate.** Often, however, the masculine form is used for both men and women.

QUELQUES AUTRES PROFESSIONS

un(e) infirmier(-ière) *nurse*
un médecin (un docteur)
un(e) psychologue

un écrivain *writer*
un(e) interprète
un professeur (but un[e] prof)
un banquier

un(e) comptable *accountant*
un dentiste
un(e) directeur(-trice)
un homme (une femme) d'affaires *businessman(-woman)*
un industriel
un ingénieur
un(e) programmeur(-euse)
un(e) secrétaire

un électricien
un(e) mécanicien(ne)
un plombier

un(e) chanteur(-euse) *singer*
un metteur en scène (un[e] réalisateur[-trice])
un(e) musicien(ne)

un chauffeur
un(e) coiffeur(-euse) *barber, hair stylist*
un(e) commerçant(e) *shopkeeper*
un(e) serveur(-euse)

Activités

A. LE JEU DES MÉTIERS. Guess the occupation of each person on the basis of the sentence you are given.

◼ Il travaille dans un laboratoire.
C'est un scientifique.

Elle prépare des médicaments.
C'est une pharmacienne.

1. «Madame, vous allez avoir un bébé.»
2. «Votez pour moi!»
3. «Voilà vos oranges. Cela fait un kilo.»
4. Il tape *(types)* 80 mots à la minute.
5. Elle ne peut pas trouver le virus dans ce programme.
6. Il va couper l'électricité.
7. «Messieurs/Mesdames les jurés, mon client est innocent!»

8. Il coupe les cheveux très courts.
9. «Ouvrez la bouche; je vais regarder les dents.»
10. Il va réparer votre voiture.

B. LES MÉTIERS ET LA PERSONNALITÉ. Work in pairs.
Propose five of the adjectives listed below to your partner. For each adjective, have your partner select a profession or trade in which a person might typically show this quality. Switch roles and use five more adjectives.

🔟 curieux(-euse)
   Il/Elle est journaliste.
OU *C'est un(e) journaliste.*

amusant(e)	sincère	actif(-ve)	sociable
calme	hypocrite	intelligent(e)	agressif(-ve)
curieux(-euse)	timide	énergique	sympathique
dynamique	pénible	sérieux(-euse)	ennuyeux(-euse)
patient(e)	fanatique		

C. PROFIL PROFESSIONNEL. Work in pairs. Propose an occupation and have your partner describe what type of personality traits people in this profession would be likely to have. Switch roles at least four times.

🔟 —*Pour être médecin?*
   —*On doit (must) être intelligent, patient et sérieux.*

ſtructure ı

The expressions Il est *and* C'est un

To identify one's occupation, use être without the article for **je, tu, nous, vous,** and for third persons who are named.

Je **suis électricien(ne).**   Madame Leclerq **est journaliste.**

However, there are two possible ways of expressing "She is a journalist."

Elle est journaliste.   **C'est une** journaliste.

Notice that with **il/elle est,** there is no article before the profession. With **c'est,** an article must be used.

In the plural, **c'est un(e)** becomes **ce sont des.** *They are engineers* could be expressed:

Ils/Elles sont ingénieurs.   **Ce sont des** ingénieurs.

When an adjective is used with the profession, **c'est un(e)** is the only choice.

C'est une directrice compétente.   **C'est un** mauvais chanteur.

◆ RAPPEL: You have already used **c'est un(e)** and **ce sont des** to identify objects:

Qu'est-ce que c'est?
C'est une Opel.
C'est une voiture allemande.

exercices

A. PROFESSIONS. Name the following professions, using first **Il/Elle est** and then **C'est un(e).**

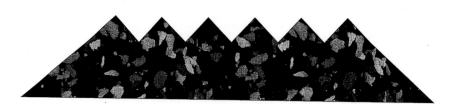 Claudine Verger travaille dans un laboratoire.
   Elle est scientifique.
OU   *C'est une scientifique.*

1. Diane Kurys fait des films.
2. Mikhail Baryshnikov est une star de ballet.
3. Claude et Philippe travaillent dans une usine *(factory)*.
4. Louise et Françoise travaillent dans une boutique.
5. Victor répare des voitures.
6. Pauline prépare des médicaments dans une pharmacie.
7. Monsieur Labèque conduit *(drives)* un taxi.
8. Madame Fargé est chef *(boss, head)* d'une compagnie.

B. OPINIONS. Describe the following people, using adjectives of your choice. If necessary, refer to the list of adjectives on page 145.

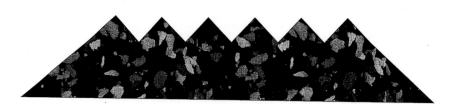 le professeur Montagnier (un scientifique)
   C'est un scientifique génial (brillant).

1. Madonna (une chanteuse)
2. Le président (un politicien)
3. Ivan le Terrible (un tsar)
4. Anne Tyler (un écrivain)
5. Sean Penn (un acteur)
6. Le professeur de français (un homme / une femme)
7. Les étudiants dans la classe de français (des élèves)

LES AMBITIONS DE TROIS JEUNES

Faire carrière, trouver un métier n'est pas chose facile. Lisez cette interview de trois jeunes Français à qui l'on pose des questions sur leur avenir *(future)*.

LE JOURNALISTE: *(s'adressant à Jacques, 14 ans)* Quels sont tes projets d'avenir?

JACQUES: Ben, je voudrais être instituteur. J'adore les enfants, tout ça, et puis ça va me permettre de voyager, d'aller en Amérique latine pendant les grandes vacances.

LE JOURNALISTE: *(s'adressant à Annick, 16 ans)* Et toi, Annick?

ANNICK: Moi, je veux *(want)* faire un M.B.A. Je veux aller aux États-Unis, si je peux *(can)*, si j'ai l'argent. Peut-être *(perhaps)* à Cornell. On dit *(they say)* que c'est une bonne fac. Alors, pour le moment, je bosse *(work on)* mon anglais. Je vais en Angleterre tous les étés *(every summer)*. Avec l'Europe *(the European Economic Union)* et tout, il faut parler au minimum deux langues. Surtout *(especially)* l'anglais. En deuxième langue, je fais de l'italien. Mes parents sont italiens, alors ça aide. Je voudrais être directrice commerciale.

LE JOURNALISTE: *(s'adressant à Cédric, 12 ans)* Et toi, Cédric?

CÉDRIC: Moi, je voudrais être dans l'aérospatiale. Les fusées *(rockets)*, les satellites, je trouve ça génial. Je crois *(I think)* qu'il y a des extra-terrestres, mais qu'ils ne ressemblent pas à E.T. Et puis, en voyageant dans l'espace, on les verra *(will see them)* peut-être. C'est assez délirant, super.

Les projets et les ambitions

POUR EXPRIMER *(TO EXPRESS)* SES AMBITIONS PROFESSIONNELLES:

Je voudrais / Je veux / J'espère être ingénieur.

être riche.

devenir *(become)* metteur en scène.

faire un M.B.A.

avoir une grande maison.

travailler dans une compagnie internationale.

gagner *(earn)* beaucoup d'argent.

voyager, aller en France, si je peux.

Activités

A. À VOUS! Work in groups of four. Choose one of the following roles: Jacques, Annick, Cédric, or the reporter. The reporter asks the following questions. The rest of you respond, basing your answers on the interview on page 147. If you cannot remember the answer to a question, invent your own response.

1. Jacques, où veux-tu aller?
2. Annick, quelle deuxième langue est-ce que tu étudies?
3. Cédric, quel âge as-tu?
4. Annick, où veux-tu aller étudier?
5. Annick, quel diplôme veux-tu avoir?
6. Jacques, aimes-tu les petits enfants?
7. Cédric, dans quoi veux-tu travailler?
8. Jacques, quel va être ton métier plus tard?
9. Annick, est-ce que tu vas voyager dans l'avenir?
10. Annick, d'où viennent tes parents?

B. LE MÉTIER IDÉAL. Choisissez le métier approprié. Utilisez Je voudrais être...

■ Je cherche un métier dans le cinéma.
Je voudrais être acteur / actrice.

1. Je cherche un métier où on gagne beaucoup d'argent.
2. Je cherche un métier où je peux travailler avec des enfants.
3. Je cherche un métier où je peux communiquer mes idées personnelles.
4. Je cherche un métier où je peux travailler seul(e).
5 Je cherche un métier qui n'est pas difficile.
6. Je cherche un métier où il n'y a pas beaucoup de stress.
7. Je cherche un métier où on a beaucoup de responsabilités.
8. Je cherche un métier où on aide des personnes.
9. Je cherche un métier où on a beaucoup de contacts avec le public.
10. Je cherche un métier intéressant. Je voudrais être...

◆ RAPPEL:
Je voudrais ⎫ être / devenir /
Je veux ⎬ faire / avoir / aller /
J'espère ⎭ travailler / gagner

C. ET VOUS? QUELLES SONT VOS AMBITIONS?

Qu'est-ce que vous voulez devenir *(to become)*? Pourquoi? Quels sont vos projets d'avenir? Qu'est-ce que vous voulez faire ou avoir? Si vous n'êtes pas certain(e), inventez des réponses imaginaires. Écrivez un paragraphe sur vos projets d'avenir et vos ambitions professionnelles.

■ *Je voudrais être musicien(ne) parce que j'aime la musique.*
Je veux voyager et je voudrais avoir une voiture rapide et
une jolie maison. J'espère aller en France.

The verbs vouloir and pouvoir

Je voudrais *(I would like)* is one of the most useful expressions in French. With it you can express what you would like to have (a request) or what you would like to do or be.

Je **voudrais aller** en Europe.	*I would like to go to Europe.*
Je **voudrais être** metteur en scène.	*I would like to be a film director.*
Je **voudrais** une baguette et quatre croissants.	*I would like a baguette and four croissants.*

Je voudrais is a special form of the verb **vouloir** *(to want)*. As in English, you may also use the present tense *(I want)* to express the same idea, although it is more forceful and not as polite as **je voudrais**.

Je **veux faire** un M.B.A.	*I want to get an M.B.A.*
Je **veux être** directrice commerciale.	*I want to be a manager in a company.*
Sara **voudrait être** réalisatrice.	*Sara would like to be a film director.*

Here are the present tense forms of the irregular verb **vouloir**.

vouloir	
je **veux**	nous **voulons**
tu **veux**	vous **voulez**
il/elle/on **veut**	ils/elles **veulent**

The irregular verb **pouvoir** *(to be able)* is conjugated much like **vouloir**.

pouvoir	
je **peux**	nous **pouvons**
tu **peux**	vous **pouvez**
il/elle/on **peut**	ils/elles **peuvent**

Je **veux aller** aux États-Unis, si je **peux**.	*I want to go to the United States, if I can (if I am able to).*
Pouvez-vous venir à la réunion?	*Can you come to the meeting?*

exercices

A. ON VEUT, SI ON PEUT. Complete the sentences. Use the present-tense forms of **vouloir** in the first part of the sentence and **pouvoir** in the second part.

1. Je _____ aller en France, si je _____.
2. Nous _____ avoir une grande maison, si nous _____.
3. Claudine _____ devenir vétérinaire, si elle _____.
4. Les professeurs _____ enseigner des cours intéressants, s'ils _____.
5. Tu _____ avoir des animaux, si tu _____
6. Vous _____ travailler dans une banque, si vous _____.

B. AMBITIONS. Use the present-tense form of **vouloir** with the infinitive suggested to express your own desires.

◙ être
Je veux être programmeur(-euse).

1. être
2. avoir
3. aller

4. travailler
5. gagner
6. faire

structure 3

The infinitive structure

As is often the case in English, when two French verbs are used together, the second one is usually an infinitive.

Nadine **veut devenir** psychologue.

Je **voudrais être** écrivain.
Nous **espérons aller** en Europe en juillet.
Quand **pouvez-vous venir**?
Je **n'aime pas danser**.

*Nadine **wants to become** a psychologist.*
*I **would like to be** a writer.*
*We **hope to go** to Europe in July.*
*When **are you able to come**?*
*I **don't like to dance**.*

◆ RAPPEL: In the immediate future, the second verb is also an infinitive:

Je **vais finir** dans une heure.
Est-ce que tu **vas suivre** un cours d'anglais?

In a negative sentence, place the **ne... pas** around the first (conjugated) verb.

Je **ne vais pas** étudier aujourd'hui.
Patrick **ne veut pas** travailler dans une usine.

exercices

A. TU VEUX OU TU NE VEUX PAS? Work in pairs. Pretend that you cannot decide what to do this evening. Ask your partner if he or she wants to do each of the following activities. Your partner responds affirmatively or negatively. Switch roles.

écouter la radio
—*Tu veux écouter la radio?*
—*Oui, je veux écouter la radio.*
OU —*Non, je ne veux pas écouter la radio.*

1. préparer l'examen de français
2. aller au cinéma
3. dîner dans un restaurant
4. aller au café
5. bavarder *(to chat)* avec les copains
6. visiter le musée
7. regarder la télé
8. aller à la boum *(party)*

B. UN PEU D'IMAGINATION. Complete the following sentences with an infinitive of your choice.

Quand je suis à la bibliothèque, j'aime...
Quand je suis à la bibliothèque, j'aime regarder les gens (people).

1. Dans la classe de français, je peux...
2. L'année prochaine, je vais...
3. Si je peux, j'espère *(I hope)*...
4. Personnellement, je n'aime pas...
5. De toutes les activités possibles, j'aime particulièrement...
6. Quand j'étudie, je ne peux pas...
7. Quand je passe un examen, je ne veux pas...
8. Je cherche un métier intéressant. Je voudrais...

UNE OFFRE D'EMPLOI

On annonce des postes *(jobs, positions)* dans les petites annonces *(classified ads)*. Voici une annonce typique.

Devinez dans quelle entreprise travaille cet ingénieur commercial ?

Avec 29 % de progression pour un CA de 2,7 milliards de francs pour l'année fiscale 1990 et 100 000 Macintosh livrés en une année. Apple France affiche un des meilleurs taux de croissance de l'industrie informatique.

Ce n'est pas par hasard… derrière ce succès, il y a une fantastique concentration de personnalités et de compétences : univers privilégié où professionnalisme se conjugue avec créativité. Votre dynamisme et votre vision du "business" en seront peut-être les clés d'accès.

Vous avez complété votre formation supérieure Bac + 4 par une première expérience réussie de la vente, de préférence chez un constructeur informatique. Vous parlez un "fluent English".

Animateur d'un réseau de revendeurs, vous prospectez les distributeurs, conseillez nos partenaires, coordonnez les actions commerciales… Votre challenge : développer nos affaires.

Manager, conseiller, prospecter, développer… telles sont vos principales missions d'ingénieur commercial à **LYON, MARSEILLE, PARIS ET TOULOUSE.**

Vous avez deviné ! C'est chez Apple que votre créativité et votre esprit constructif pourront s'exprimer. N'attendez plus pour révéler le meilleur de vous-même…

Merci d'envoyer votre dossier de candidature sous référence IC/M/0291 à Jean-Marie MUTEL.
Département des Ressources Humaines
Apple Computer France – 12, avenue de l'Océanie
Z.A. de Courtabœuf – 91956 Les Ulis Cedex.

Apple

Suggestions pour trouver un poste

Si vous voulez **travailler,** vous pouvez regarder **les petites annonces.** Si **un poste** vous intéresse, faites **une demande d'emploi.** Adressez **une lettre de candidature, un curriculum vitae (CV)** et peut-être une photo à **l'entreprise (la compagnie).**

Puis, on vous invite à **un entretien** *(interview).* Si tout *(all)* va bien, on vous offre **le poste.** Vous devenez *(become)* alors **employé(e),** et vous venez travailler dans **la firme.**

◢ Note culturelle

LES TRAVAILLEURS IMMIGRÉS EN FRANCE

France has long provided asylum to political refugees and employment opportunity to immigrants from countries with severe economic problems. Many immigrant workers have come to France—some from other European countries, but most from former French colonies in Africa and the Caribbean. In particular, there has been a large influx of workers from the North African countries of Algeria, Morocco, and Tunisia.

Although France has been known as a relatively tolerant country, the large number of immigrant laborers has recently provoked a troubling reaction in some sectors of French society. Extremist politicians have clamored for their expulsion, and some ordinary citizens have expressed hostility and resentment. There have even been a few physical attacks against first- and second-generation immigrants, primarily those of Arab origin. An organization called **S.O.S. – Racisme** was founded to combat this growing intolerance.

Can you think of a comparable situation in recent American history, where a significant influx of immigrants or migrant workers gave rise to hostility and intolerance?

Activités

A. UN EMPLOI PROPOSÉ. Lisez la petite annonce à droite et répondez aux questions.

1. Comment s'appelle l'entreprise?
2. C'est une compagnie de quel pays? Avec un bureau dans quelle ville française?
3. Quel poste est-ce qu'on annonce? Est-ce que c'est un chef *(boss)*, un cadre *(manager)* ou un employé?
4. Est-ce qu'un diplôme universitaire est nécessaire?
5. Où est-ce que le (la) candidat(e) va travailler?
6. Le (La) candidat(e) est obligé(e) de parler quelle autre langue?
7. Comment appelle-t-on une personne qui parle deux langues?
8. Quelle sorte de personnalité est-ce qu'on recherche?
9. Quelle est l'atmosphère du travail, selon l'annonce?
10. Quels documents est-ce que le (la) candidat(e) va envoyer (adresser) à la compagnie pour faire une demande d'emploi?

BRINTONS LTD
83 quai d'Orsay
75007 Paris

Fabriquant en Angleterre
de moquettes de luxe
recherche
pour son bureau
et show-room français

**SECRÉTAIRE
BILINGUE ANGLAIS**

— gestion de commandes
— liaison avec l'usine en Angleterre
— réception de la clientèle, courrier, télex, classement, etc.

NOUS VOUS OFFRONS:
— une occupation intéressante pour une personne dynamique sachant prendre ses responsabilités
— une petite équipe qui s'épaule
— un cadre et une atmosphère agréables de travail

Si un tel poste répond à vos aspirations, veuillez envoyer votre C.V. et photo
à M. Palethorpe
Brintons Ltd

B. VOTRE CURRICULUM VITAE.
Est-ce que le poste annoncé vous intéresse personnellement? Préparez votre curriculum vitae pour faire une demande d'emploi à Brintons Ltd. Imaginez que vous avez un diplôme universitaire. Et vous parlez anglais, bien sûr *(of course)!* Donnez l'information suivante:

- nom
- âge
- état civil
- domicile habituel (adresse)
- numéro de téléphone
- les langues que vous parlez
- les activités qui vous intéressent
- expérience—travail et dates
- références (2)—soyez *(be)* imaginatif(-ive)!

C. LES ÉTUDIANTS ET L'EMPLOI.
Avez-vous un emploi? Posez des questions à votre camarade pour trouver l'information suivante. Si vous ne travaillez pas, imaginez des réponses possibles.

1. où il/elle travaille
2. quels jours il/elle travaille
3. combien d'heures par semaine il/elle travaille
4. comment est son (sa) patron(ne) *(boss)*
5. s'il (si elle) aime le travail
6. si le salaire est bon

The verb venir

◆ RAPPEL: You have seen **venir** used in the expression meaning *to come from* (origin).

Pronunciation note: All the singular forms of **venir** are pronounced alike (the verb ending is nasalized). The **ils/elles** form is similar, but the **n** sound is pronounced.

◆ RAPPEL: Think of the command form. How would you tell a friend to come to you? **(Viens!)** How would you tell two friends the same thing? **(Venez!)** How would you tell them not to come? **(Ne venez pas!)**

The verb **venir** is irregular. It generally means *to come*. Following are the present tense forms of **venir**.

venir	
je viens	nous venons
tu viens	vous venez
il/elle/on vient	ils/elles viennent

You will notice that the **nous** and **vous** forms look somewhat different from the others. This pattern occurs in some irregular verbs.

D'où viens-tu? Je viens de Denver, aux États-Unis.
D'où venez-vous? **Nous venons** de Belgique.
Ils viennent au travail tous les jours à 8h00.

The verb **devenir,** which means *to become,* is conjugated like **venir.**

> Je voudrais **devenir** ingénieur. *I would like **to become** an engineer.*

Notice that **devenir** is actually **venir** with a prefix (**de-**).

> Tu de**viens** fatigué? *Are you **getting (becoming)** tired?*
>
> Chaque année, le patron de**vient** plus riche. *Each year, the boss **gets (becomes)** richer.*
>
> Les enfants de**viennent** impatients. *The children are **getting (becoming)** impatient.*

exercices

A. D'OÙ VIENNENT-ILS? Look at the cities where the following people were born and tell which country each is from. Follow the model.

◼ Sacha est né *(was born)* à Moscou.
Il vient de Russie.

◆ RAPPEL:
venir de + feminine country
venir du + masculine country
venir des + plural country

1. Anton est né à Zurich.
2. Nous sommes nés à Sacramento.
3. Tu es née à Osaka?
4. Marthe est née à Montréal.
5. Je suis né à Seattle.
6. Maria et Gilda sont nées à Guadalajara.
7. Vous êtes nés à Rio de Janeiro?
8. Monsieur et Madame Ka sont nés à Dakar.

B. QU'EST-CE QU'ILS DEVIENNENT? Tell what the following people are becoming.

1. Vous faites des études de médecine et vous _____ docteur.
2. Tu fais des études de droit, puis tu _____ avocat(e).
3. Le prof change de profession et _____ musicien.
4. Je fais une demande d'emploi et je _____ candidat(e) pour le poste *(position).*
5. Nous suivons des cours et nous _____ programmeurs.
6. Les élèves étudient et _____ brillants.
7. Dr. Jekyll travaille dans le laboratoire et il _____ Mr. Hyde.

C. QUESTIONS. Répondez aux questions par des phrases complètes.

1. D'où venez-vous?
2. D'où viennent vos parents?
3. Est-ce que des copains viennent chez vous de temps en temps *(from time to time)?*
4. Est-ce que vous venez en classe de français tous les jours? Quels jours?
5. Est-ce qu'un chat *(cat)* vient en classe de français?
6. Est-ce que vous devenez parfois impatient(e) en classe?
7. Est-ce que le travail devient ennuyeux?
8. Est-ce qu'on devient plus intelligent quand on va à l'université?

 # LE SALAIRE

Voici une petite annonce où on propose un salaire. Cherchez le salaire possible dans cette annonce.

SI VOUS ETES BON VENDEUR IMMOBILIER
nous vous offrons un poste de
PATRON OUTREMER
Nous y sommes solidement implantés.
Notre réputation est de premier ordre.
Nos produits de première qualité
et nos rentabilités garanties.
Rejoignez notre équipe, faites vos preuves
et gagnez entre 200.000 et 1.000.000 de francs par an.
+ l'estime et l'amitié de vos clients.
Envoyer CV et photo à Havas Montpellier N° 13997

 plan d

Les nombres de 100 à 100 000 000

100	cent	1 000	mille
101	cent un	1 001	mille un
102	cent deux	1 059	mille cinquante-neuf
118	cent dix-huit	1 650	mille six cent cinquante
165	cent soixante-cinq	2 000	deux mille
199	cent quatre-vingt-dix-neuf	3 100	trois mille cent
200	deux cents	4 200	quatre mille deux cents
201	deux cent un	13 000	treize mille
500	cinq cents	113 000	cent treize mille
947	neuf cent quarante-sept	520 375	cinq cent vingt mille trois cent soixante-quinze

1 000 000	**un million**
1 500 000	**un million cinq cent mille**
2 000 000	**deux millions**
100 000 000	**cent millions**

NOTES:

- In speaking, the **t** in **cent un** is not pronounced.
- The **s** in the plural **cents** is dropped if it is followed by another number: **trois cents, trois cent quarante**. The number **mille** never takes an **s**: **mille, deux mille, cinq mille**.
- When used with a noun, **million(s)** is followed by **de** or **d'**: **un million de francs, deux millions de dollars**.
- In writing, English uses commas to express thousands or millions; French uses spaces or periods: $5,000, 5 000F, or 5.000F. Conversely, English uses periods to designate decimals, while French uses commas: 3.5% (three *point* five), 3,5% (trois **virgule** cinq).

LES ANNÉES

There are two ways of using numbers to express years in French. The year 1989, for example, can be written in either of the following ways:

- mil neuf cent quatre-vingt-neuf
- dix-neuf cent quatre-vingt-neuf *(nineteen hundred . . .)*

Notice the spelling of **mil.** The final **-le** is dropped in this situation only.

🔅 Note culturelle

LES SALAIRES

In France, one never asks others how much money they make. The French tend to be very discreet about their income. Furthermore, the French do not like to talk about their work or profession in a social setting. Compare this with the social habits of Americans. Is discussion about work or income acceptable at social gatherings?

Activités

A. COMBIEN DE PAGES? Tell how many pages each book has.

> *Hamlet* (par William Shakespeare) / 100 p.
> ***Hamlet a cent pages.***

1. *Madame Bovary* (par Gustave Flaubert) / 442 p.
2. *L'Étranger* (par Albert Camus) / 180 p.
3. *Moby Dick* (par Herman Melville) / 618 p.
4. le dictionnaire Webster's / 1 139 p.
5. la Bible / 1 572 p.
6. votre livre de français / ?

B. LES SALAIRES ET LES REVENUS. Work in pairs. Suggest the likely annual income (in dollars) of the following people.

> une pharmacienne
> ***Une pharmacienne gagne 35 000 dollars par an.***

1. un pharmacien
2. une avocate
3. un serveur
4. un professeur dans une école secondaire
5. un directeur commercial dans une grande entreprise
6. un ingénieur civil
7. un banquier
8. une actrice de cinéma

C. LES ANNÉES. Pronounce the years in which the following events took place (you may have to do a little research).

1. votre naissance
2. le commencement de la guerre civile américaine
3. le commencement de la Révolution française
4. la Déclaration de l'Indépendance américaine
5. le premier voyage de Christophe Colomb en Amérique
6. l'arrivée du Mayflower en Amérique

A. PORTRAITS. Regardez les photos à la page 142. Qui sont ces petites filles? Qu'est-ce qu'elles aiment faire? Qu'est-ce qu'elles veulent faire plus tard?

Avec votre partenaire, faites le portrait d'une de ces filles. Imaginez sa vie: Où habite-t-elle? Est-ce qu'elle a des amis? A-t-elle de l'imagination?

B. PSYCHOTEST. The following questionnaire is designed to help you discover what kind of work you are best suited for. Write the numbers 1 to 20 on a separate piece of paper. Answer each question **oui** or **non**. Then score your quiz as described below.

> 1. **Vous aimez la nature.**
> 2. **Vous êtes romantique.**
> 3. **Vous aimez vos camarades de travail.**
> 4. **Vous gardez vos lettres d'amour** *(love).*
> 5. **Vous aimez les animaux.**
> 6. **Vous avez une assurance-vie** *(life insurance).*
> 7. **Vous pouvez mémoriser 10 numéros de téléphone.**
> 8. **Vous habitez dans la ville où vous êtes né(e).**
> 9. **Vous travaillez sur ordinateur (e.g., Apple, IBM).**
> 10. **Vous avez la photo de votre petit(e) ami(e) sur vous.**
> 11. **Vous aimez votre corps** *(body).*
> 12. **Vous aimez l'argent.**
> 13. **Vous regardez beaucoup la télévision.**
> 14. **Vous chantez souvent.**
> 15. **Vous êtes toujours angoissé(e) par rapport au futur.**
> 16. **Vous regardez toujours vos relevés (listes de transactions) de banque.**
> 17. **Vous gardez vos reçus de cartes de crédit.**
> 18. **Vous détestez les gens (personnes) qui parlent beaucoup.**
> 19. **Vous allez souvent au café.**
> 20. **Vous pensez** *(think)* **que la vie moderne est compliquée.**
>
> - Mettez-vous **un** point si vous avez dit **oui** à *(Give yourself one point if you said **yes** to):*
>   1, 2, 3, 4, 5, 7, 8, 10, 11, 14, 19
> - Mettez-vous **un** point si vous avez dit **non** à:
>   6, 12, 13, 15, 18
> - Mettez-vous **deux** points si vous avez dit **oui** à:
>   6, 9, 12, 15, 16, 17, 18, 20
> - Mettez-vous **deux** points si vous avez dit **non** à:
>   1, 2, 3, 4, 5, 7, 8, 14, 19
>
> (voir page 160 pour les résultats)

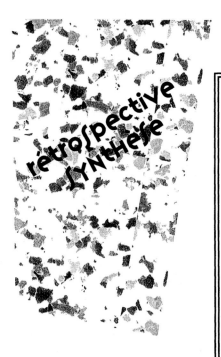

retrospective SYNthèse

RÉSULTATS DU JEU-TEST

Si vous avez entre 20 et 30 points:
Vous aimez les gens, la vie, et vous êtes sentimental(e). On peut vous imaginer dans un travail ayant trait à la psychologie, à l'enseignement *(teaching)* ou à la thérapie.

Si vous avez entre 30 et 35 points:
Vous êtes très moderne, pratique et avez un penchant pour la logique et la science. On peut vous imaginer dans un travail dans l'informatique (e.g., programmeur[-euse]) ou bien comme ingénieur dans une entreprise.

Si vous avez plus de 35 points:
Vous n'aimez pas beaucoup les gens. Par contre, une vie matérielle vous intéresse. Vous êtes intelligent(e) et décidé(e). Un avenir dans le monde de la banque est probable.

C. ANNONCE D'OFFRES D'EMPLOI EN FRANCE.
Lisez l'annonce suivante et trouvez l'information demandée.

IMPORTANT LABORATOIRE PHARMACEUTIQUE
(Métro : MAIRIE D'ISSY)
RECHERCHE
SECRÉTAIRE MÉDICALE
BILINGUE ANGLAIS
pour un remplacement de 3 mois.
Nombreux avantages sociaux et restaurant d'entreprise.
Adresser C.V. manuscrit, photo, prétentions à :
LABORATOIRE Jacques LOGEAIS
Service du Personnel
71, av. du Général-de-Gaulle
92130 ISSY-LES-MOULINEAUX

1. Quel est le nom de la compagnie qui offre l'emploi?
2. Quelle sorte d'entreprise est-ce?
3. Est-ce que cet emploi est permanent?
4. Pour combien de temps la personne va-t-elle travailler pour la compagnie?
5. Que va faire la personne employée?
6. Quelle sorte d'avantages y a-t-il?
7. Qu'est-ce que le (la) candidat(e) doit *(should)* adresser au Service du Personnel?

D. VOS AMBITIONS.
Write a paragraph about your hopes and ambitions. Explain why you have the aspirations you do. If you are undecided, imagine an interesting career or lifestyle to write about. Use the text on page 147 as a model.

Activité D

◆ RAPPEL:

Je voudrais
Je veux
J'espère ⎫ + infinitif
J'aime
Je n'aime pas

E. D'UNE CULTURE À L'AUTRE.
Julia candidly admits that one of her favorite activities is to chat with her friend Cloé and to criticize people. Can you imagine a young American girl making a similar statement? Explain your answer.

«... Une de mes activités préférées, c'est de bavarder et de critiquer les gens avec ma copine Cloé.»

vidéo SYNTHÈSE

Watch the videotape for **Chapitre 6.** Then complete the accompanying activities in your workbook.

vocabulaire

Verbes

changer	*to change*
décider	*to decide*
devenir	*to become*
enseigner	*to teach*
espérer	*to hope*
gagner	*to earn*
inventer	*to invent*
poser (une question)	*to ask (a question)*
pouvoir	*to be able*
réaliser	*to carry out, to make or complete (e.g., un film)*
rêver	*to dream*
travailler	*to work*
venir	*to come*
vouloir	*to want, to wish*

Les aspirations; la recherche d'un emploi

une annonce classée (une petite annonce)	*a classified ad*
l'argent *(m.)*	*money*
l'avenir *(m.)*	*the future*
une carrière	*a career*
un curriculum vitae (CV)	*a résumé*
une demande d'emploi	*an application for a job, position*
un emploi	*a job, employment*
un entretien	*an interview*
une lettre de candidature	*a letter of application*
un magasin	*a store*
un métier	*a trade, occupation*
une offre d'emploi	*a job offer*
un poste	*a position*
une profession	*a profession*
le (un) travail	*work*

Le travail

une agence	*an agency*
un bureau	*an office (also, a desk)*
un chef	*a boss, head*
une compagnie	*a company*
un(e) directeur(-trice)	*a director, manager, head*
un(e) employé(e)	*an employee (also, office worker, clerk)*
une entreprise	*a business, company*
une filiale	*a subsidiary*

une firme	*a firm, company*
un groupe	*a (business, commercial, industrial) group*
un(e) patron(ne)	*a boss, owner, president*
un P.D.G.	*a chief executive officer*
un salaire	*a salary*
une société	*a company*
une usine	*a factory*

Les professions et les métiers

un(e) acteur(-trice)	*an actor, actress*
un(e) avocat(e)	*a lawyer*
un banquier	*a banker*
un cadre	*a mid-level manager, administrator*
un(e) chanteur(-euse)	*a singer*
un chauffeur	*a driver*
un(e) coiffeur(-euse)	*a barber, hairdresser*
un(e) commerçant(e)	*a merchant, store owner*
un(e) comptable	*an accountant*
un(e) danseur(-euse)	*a dancer*
un dentiste	*a dentist*
un(e) directeur(-trice) commercial(e)	*a director or head of a company*
un écrivain	*a writer*
un électricien	*an electrician*
un homme / une femme d'affaires	*a businessman, business woman*
un industriel	*a manufacturer, industrialist*
un(e) infirmier(-ière)	*a nurse*
un(e) informaticien(ne)	*a systems analyst, someone who works with computers or data processing*
un ingénieur	*an engineer*
un(e) instituteur(-trice)	*a teacher*
un(e) interprète	*an interpreter*
un(e) journaliste	*a journalist, reporter*
un(e) marchand(e)	*a merchant, seller, shop keeper*
un(e) mécanicien(ne)	*a mechanic*
un médecin	*a doctor, physician*
un metteur en scène	*a film or theater director*
un(e) musicien(ne)	*a musician*
un(e) ouvrier(-ière)	*a manual laborer*
un(e) pharmacien(ne)	*a pharmacist*

un plombier	*a plumber*	**Autres expressions**	
un(e) politicien(ne)	*a politician*	beaucoup de	*much, a lot of*
un professeur (un/une prof)	*a (university) professor,*	comme	*like, as*
	a school teacher	entre	*between*
un(e) programmeur(-euse)	*a (computer) programmer*	parce que	*because*
un(e) psychologue	*a psychologist*	peut-être	*perhaps, maybe*
un(e) réalisateur(-trice)	*a director or producer*	plein de	*lots of*
un(e) scientifique	*a scientist*	plus tard	*later*
un(e) secrétaire	*a secretary*	pour	*for*
un(e) serveur(-euse)	*a waiter, waitress*	pourquoi	*why*
un(e) vendeur(-euse)	*a salesperson*	puis	*then, also*
un vétérinaire	*a veterinarian*	si	*if*

Adjectifs

dur(e)	*hard*
indispensable	*indispensable*
nécessaire	*necessary*
pauvre	*poor*
préféré(e)	*preferred, favorite*
responsable	*responsible, accountable*
riche	*rich*
super	*great, terrific*

LES FRANCOPHONES DES ÉTATS-UNIS: LA LOUISIANE

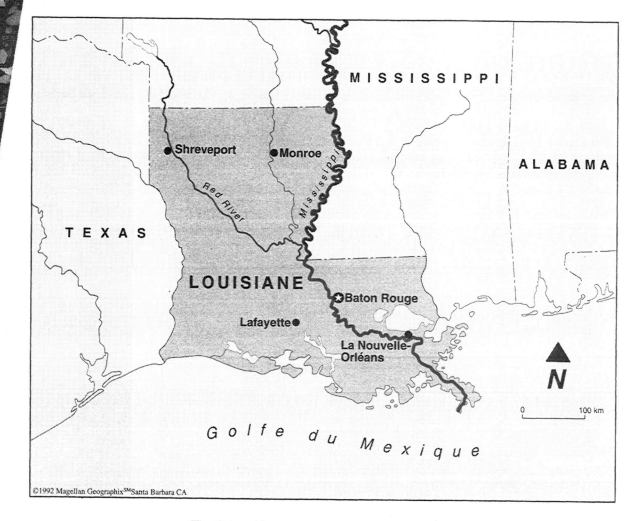

©1992 Magellan Geographix℠Santa Barbara CA

The Cajuns (the name comes from the word **Acadien)** are descended from the inhabitants of Acadia (present-day Nova Scotia) who were expelled from their land by the English in 1775—a calamity known as **le grand dérangement.** They eventually settled in southern Louisiana. Treated as inferiors by the established society, they struggled to maintain their language and culture, first in isolation and later, under great pressure to assimilate. (In school, Cajun children were whipped if they were caught speaking French.)

In 1968, the state of Louisiana officially adopted a policy of bilingualism. The **Conseil pour le Développement du Français (CODOFIL)** was created to defend the position of French and to promote its teaching. At the same time, French-language radio and television broadcasts contribute to the effort to maintain the place of French culture in Louisiana.

LA LOUISIANE

Superficie: 48 523 square miles

Population francophone: 500 000

Population totale: près de 4 millions

Langues: l'anglais et le français

Monnaie: le dollar américain

Capitale: Baton Rouge

Chef de l'État: un gouverneur

Particularité: territoire français vendu aux États-Unis en 1803

FENÊTRE OUVERTE

1. When was Louisiana sold to the United States? Who was the American president at that time?
2. How many French speakers are there in Louisiana?
3. What is the origin of the Cajuns—the name and the people?
4. What is the capital of Louisiana? What does the name mean?
5. What is the largest city in Louisiana? For what French city was it named? For what reason is its namesake famous?
6. Why is 1968 an important date for the French speakers of Louisiana?
7. Can you describe a famous Louisiana holiday that has a French name? When does it occur? Why do people celebrate it?
8. Cajuns are famous for their music. Do you know of any Cajun musicians? Find a recording of Cajun songs, with text, and listen while you read the words. What are the primary themes of these songs? What glimpses of Cajun personality and character can be had through their music?

CHApitre

La famille

objectives

Talking about family members

Talking about family life and household activities

Discussing food and food shopping

Discussing meals

MISE EN SCÈNE MISE EN FORME

SARA ET PÉNÉLOPE, DEUX DES PETITES FILLES QUE NOUS CONNAISSONS DÉJÀ, PARLENT DE LEUR VIE PERSONNELLE FUTURE. MARIAGE? ENFANTS?

Sara veut se marier dans un champ sur des chevaux *(horses)*.

Pénélope veut se marier aux États-Unis dans une grande église *(church)* blanche.

«Je ne veux pas divorcer.»

«Je voudrais avoir des enfants.»

OÙ EST-CE QUE PÉNÉLOPE VEUT SE MARIER? ET SARA? ET VOUS, OÙ VOULEZ-VOUS VOUS MARIER? VOULEZ-VOUS AVOIR DES ENFANTS? POURQUOI?

UNE FAMILLE FRANÇAISE

PLaN A

Les membres de la famille

Voici la famille d'Alain Laval. Elle est assez traditionnelle.

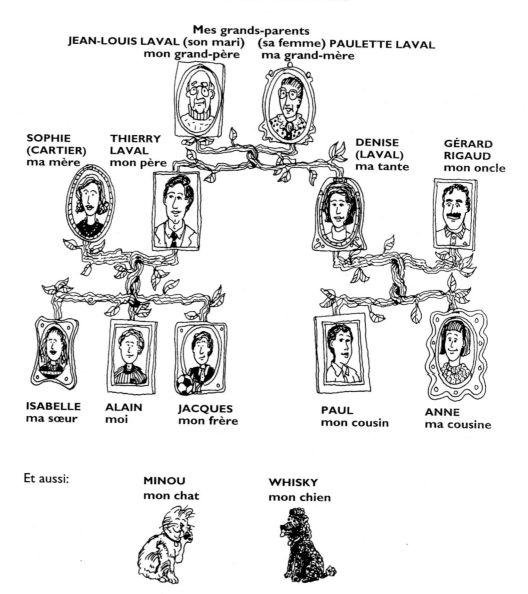

Mes grands-parents
JEAN-LOUIS LAVAL (son mari)   (sa femme) PAULETTE LAVAL
mon grand-père   ma grand-mère

SOPHIE   THIERRY   DENISE   GÉRARD
(CARTIER)   LAVAL   (LAVAL)   RIGAUD
ma mère   mon père   ma tante   mon oncle

ISABELLE   ALAIN   JACQUES   PAUL   ANNE
ma sœur   moi   mon frère   mon cousin   ma cousine

Et aussi: MINOU   WHISKY
                   mon chat   mon chien

- Jean-Louis Laval est le **beau-père** de Gérard Rigaud, et Isabelle est sa **belle-mère**. Gérard est le **beau-frère** de Thierry Laval.

- Alain est le **petit-fils** de Jean-Louis et Paulette Laval. Isabelle est leur **petite-fille**.

- Alain et Jaques sont les **fils** de Sophie et Thierry Laval. Isabelle est leur **fille**.

- Paul Rigaud est le **neveu** de Sophie et Thierry Laval. Anne Rigaud est leur **nièce**.

Children often refer to certain relatives by a term of endearment. For example:

mère – Maman	père – Papa
grand-mère – Mémé, Mamy	grand-père – Pépé, Papy
tante – Tata, Taty	oncle – Tonton

Pénélope veut se marier aux États-Unis.

Sara ne veut pas divorcer.

Pénélope et Sara rêvent *(dream)*. Elles voudraient avoir une famille traditionnelle, c'est-à-dire *(that is)*, avec fiançailles *(engagement)*, grand mariage, voyage de noces *(wedding trip)* et lune de miel *(honeymoon)*...

Et puis, viennent les enfants et après, parfois, le divorce! Sara ne veut pas divorcer mais, qui se marie pour divorcer?

Que se passe-t-il quand il y a divorce?
La nouvelle femme de votre père, c'est votre **belle-mère**.
Le nouveau mari de votre mère, c'est votre **beau-père**.
Les enfants des autres mariages, ce sont vos **beaux-frères** et **belles-sœurs**.

The word **parents** refers both to one's mother and father and to relatives in general.

VERBES UTILES:
se fiancer (un fiancé, une fiancée)
se marier (le mari, la femme)
divorcer (un ex-mari, une ex-femme)
se remarier
avoir des enfants

Activités

A. LIENS DE PARENTÉ. Donnez des définitions des mots suivants. Plusieurs définitions sont possibles.

🔊 votre grand-mère
C'est la mère de ma mère.
OU *C'est la mère de mon père.*

1. votre mère
2. votre cousine
3. votre oncle
4. votre grand-père

5. votre tante
6. votre nièce
7. votre beau-frère
8. votre belle-mère

B. VOTRE FAMILLE. Répondez aux questions suivantes.

1. Avez-vous des frères? Combien? Quel âge ont-ils?
2. Avez-vous des sœurs? Combien? Quel âge ont-elles?
3. Comment s'appelle votre mère? votre père? Où habitent vos parents?
4. Comment s'appellent vos grands-parents? Où est-ce qu'ils habitent?
5. Combien de cousins et cousines avez-vous? Qui est votre cousin(e) favori(te)?
6. Comment s'appelle votre oncle favori? votre tante favorite? Où habitent-ils?
7. Avez-vous un chien? un chat? Comment s'appelle-t-il? De quelle couleur est-il? Comment est-il (comment est sa personnalité)?

C. PRÉSENTEZ UN PARENT (relative). Présentez un membre de votre famille à la classe. Donnez les informations suivantes:

• son nom
• ses liens de parenté
• son âge
• où il/elle habite
• sa profession
• une description physique
• une description de sa personnalité, ses traits de caractère

Possessive adjectives

You have already learned how to express possession with **à** and **de**.

—Le vélo est **à toi**? *Is the bike **yours**?*
—Non, c'est le vélo **de Luc**. *No, it's **Luc's** bike.*

Possessive adjectives are another way to indicate possession. They are used before nouns and, like all adjectives, must agree in gender and number with the noun they introduce. Note their use in the following exchanges.

—C'est **ton** père? *Is that **your** father?*
—Non, c'est **mon** oncle. *No, it's **my** uncle.*

—C'est **ta** mère? *Is that **your** mother?*
—Non, c'est **ma** tante. *No, it's **my** aunt.*

—Ce sont **tes** sœurs? *Are those **your** sisters?*
—Non, ce sont **mes** cousines. *No, they're **my** cousins.*

Here are the forms of the possessive adjectives:

ENGLISH EQUIVALENT	SINGULAR MASCULINE	FEMININE	PLURAL MASCULINE OR FEMININE
my	mon père	ma mère	mes cousin(e)s
your	ton père	ta mère	tes cousin(e)s
his/her	son père	sa mère	ses cousin(e)s
our	notre père	notre mère	nos cousin(e)s
your	votre père	votre mère	vos cousin(e)s
their	leur père	leur mère	leurs cousin(e)s

Pronunciation note: The final **n** in **mon, ton,** and **son,** and the final **s** in all plural forms, are always pronounced when the following word begins with a vowel sound: **mon oncle, ses enfants, vos élèves.**

The forms **mon, ton,** and **son,** ordinarily masculine, are also used before feminine nouns that begin with a vowel sound to facilitate pronunciation: **mon** amie (but **ma** petite amie), **ton** auto, **son** adresse.

The third-person possessive adjectives sometimes cause problems for English speakers. In English, the choice of the possessive form depends on the gender of the possessor: *his* or *her*. In French, the choice depends on the gender and number of the noun that follows. There are no separate forms for *his* and *her*.

C'est la mère de Robert. C'est **sa** mère. *(his mother)*
C'est la mère de Juliette. C'est **sa** mère. *(her mother)*
Ce sont les parents de Jean. Ce sont **ses** parents. *(his parents)*
Ce sont les parents d'Anne. Ce sont **ses** parents. *(her parents)*

exercices

A. UN PEU D'IMAGINATION. Express your relationship to the following people or things. Use possessive adjectives (and your imagination).

 225 Elm Street
C'est mon adresse.

1. «Rover»
2. Louis et Anne
3. la Ford
4. 436-2187

5. B+
6. le français, l'histoire, l'anglais, la psychologie
7. américain(e)
8. University of Kentucky

B. LE FESTIVAL D'ADJECTIFS POSSESSIFS. Utilisez l'adjectif possessif convenable, selon la situation.

1. Beaucoup de touristes visitent la cathédrale _____-Dame de Paris.
2. Voici _____ ticket, monsieur.
3. Sylvie est masochiste. Elle prend _____ déjeuner *(m.)* au restaurant universitaire.
4. Tu es pénible, avec _____ histoires d'amour!
5. Stéphane adore _____ grands-parents.
6. Les ouvriers de cette usine *(factory)* détestent _____ travail.
7. À _____ service, mesdames et messieurs!

 **EN FAMILLE**

Voici une autre famille française. Elle est un peu moins *(less)* traditionnelle. Comment?

PAUL GRENIER   DENISE GRENIER

(2) JEAN   NICOLE   FRANÇOISE   ANTOINE
MARCEAU   (GRENIER)   (GRENIER)   LEBERT

(I) ROBERT
FOULET

CORINNE ET PASCALE   MARIANNE ET JEAN-PIERRE

Regardons ce qui se passe dans cette famille.

MME LEBERT: Jean-Pierre, va faire tes devoirs!
JEAN-PIERRE: Mais maman, je regarde le match de foot *(soccer)*!
MME LEBERT: Ne discute pas! Allez, hop, au travail!
MARIANNE: Maman, c'est au tour *(turn)* de Jean-Pierre de faire la vaisselle *(to do the dishes)*, c'est son tour!
MME LEBERT: C'est vrai, mon grand. Va faire la vaisselle.
JEAN-PIERRE: Et mes devoirs, alors?
MME LEBERT: Plus tard.
M. LEBERT: Françoise, est-ce que tu vas appeler tes parents pour dimanche?
MME LEBERT: C'est fait. Ils viennent avec Nicole et son mari. Les enfants sont avec Robert. C'est son week-end à avoir les enfants. Maman est un peu patraque *(sick, ill)*.
M. LEBERT: Elle a toujours quelque chose qui ne marche pas.
MME LEBERT: Ben, oui! Elle est fragile du foie *(liver)*. C'est un problème. Elle mange très peu.
M. LEBERT: Et Nicole, elle a le moral *(is in good spirits)*?
MME LEBERT: Elle a le moral, oui, elle a le moral. Son nouveau mari est gentil. Pas comme Robert.

◀ **Note culturelle**

LA MALADIE *(illness)* ET LA CULTURE

The French use the expression **une crise de foie**—literally, a liver attack—to refer to almost any digestive difficulty. Do Americans express illness in relation to their livers? What terms do Americans use to describe digestive problems or other minor ailments?

PLAN b

La vie familiale

Il fait la vaisselle.   **Elle fait le ménage.**

Quand on est en famille, on utilise parfois les expressions suivantes.

Pour donner des ordres à la maison
Va faire tes devoirs / la vaisselle / le ménage.

Pour demander à quelqu'un de faire quelque chose:
Est-ce que tu vas appeler tes parents?
Tu vas faire la cuisine?

Pour porter un jugement:
Elle a toujours quelque chose qui ne marche pas.
Son nouveau mari est gentil. Pas comme Robert.
Marianne désobéit. Elle n'est pas gentille.
Jean-Pierre fait ses devoirs. Il obéit.

The verbs **obéir, désobéir,** and **punir** are conjugated like **finir.** When used with an object, **obéir** and **désobéir** are followed by the preposition **à.**

J'obéis à mes parents.
Richard désobéit à ses parents.

Activités

A. LA FAMILLE LEBERT: QUI SONT-ILS? Voici des phrases prononcées par un des membres de la famille Lebert. Identifiez chaque personne qui parle.

🔲 «Mon ex-mari s'appelle Robert.»
C'est Nicole Grenier.

1. «Ma sœur s'appelle Marianne.»
2. «Mon frère adore le football.»
3. «Françoise est ma femme et Marianne est ma fille.»
4. «Antoine est mon mari.»
5. «Mon fils s'appelle Jean-Pierre et mon mari, Antoine.»
6. «Ma mère est fragile du foie.»
7. «Ma sœur est remariée.»
8. «Mes parents viennent dimanche.»

B. LES RÔLES FAMILIAUX. Dans une famille typique, qui fait les choses suivantes, ordinairement? les parents? les enfants? ou les deux *(both)?*

🔲 faire les courses
Les parents et les enfants font les courses.

1. faire la cuisine
2. faire le ménage
3. faire les devoirs
4. faire la vaisselle
5. faire les lits
6. faire les courses
7. faire le marché
8. punir

C. ET VOTRE CAMARADE? Work in pairs. Ask your partner if he or she does the following chores at home. Then ask which chores he or she likes the best.

🔲 la cuisine
—**Tu fais la cuisine à la maison?**
—**Est-ce que tu préfères faire la cuisine ou le ménage?**

1. la cuisine
2. le ménage
3. la vaisselle
4. les lits
5. les courses
6. les devoirs

Verbs with spelling changes

A few French verbs undergo minor spelling changes in their stems when they are conjugated. The spelling changes make certain forms easier to pronounce. Notice the spelling changes that occur in the verbs **préférer, acheter, appeler,** and **manger.**

With the verb **préférer,** the **accent aigu** before the **r** changes to an **accent grave** in all forms whose endings are silent.

Another verb spelled like **préférer** *is* **espérer.**

je **préfère**	BUT	nous préférons
tu **préfères**		vous préférez
il/elle/on **préfère**		
ils/elles **préfèrent**		

With the verb **acheter,** an **accent grave** is added to all forms whose endings are silent.

j'**achète**	BUT	nous achetons
tu **achètes**		vous achetez
il/elle/on **achète**		
ils/elles **achètent**		

◆ RAPPEL: Je m'appelle... / Comment vous appelez-vous?

With the verb **appeler,** a double **l** is present in all forms whose endings are silent.

j'**appelle**	BUT	nous appelons
tu **appelles**		vous appelez
il/elle/on **appelle**		
ils/elles **appellent**		

With the verb **manger,** an **e** is added before the ending of the **nous** form, so that the **g** sound remains soft—as in all the other forms.

Another verb spelled like **manger** *is* **changer.**

nous mangeons

LES GOÛTS ET LES FINANCES. Sometimes our tastes are too expensive for our budgets. Complete the sentences, using the verbs in parentheses.

1. Nous _____ le caviar, mais nous _____ du thon *(tuna)*.
   (préférer / manger)

2. Je _____ les Mercédès, mais j'_____ une Ford.
   (préférer / acheter)
3. Antoine _____ le champagne, mais il _____ de la bière.
   (préférer / acheter)
4. Vous _____ le filet de bœuf, mais vous _____ du steak
   haché. (préférer / manger)
5. Les copains _____ les Rolex, mais ils _____ des Timex.
   (préférer / acheter)
6. Tu _____ les diamants, mais tu _____ des zircons.
   (préférer / acheter)

AU MARCHÉ

C'est samedi. Demain, les parents et la sœur de Madame Lebert vont venir
manger. Madame Lebert va au marché pour faire ses courses de la semaine
et pour acheter de quoi manger *(what she needs)* pour ce repas. Elle arrive à
un étalage *(a stand)* de fruits et légumes.

LE VENDEUR:	Et pour madame?
MME LEBERT:	Un kilo de haricots verts *(green beans),* s'il vous plaît.
LE VENDEUR:	Et avec ça?
MME LEBERT:	Deux bottes de radis *(bunches of radishes)*...
LE VENDEUR:	Voilà.
MME LEBERT:	Un chou-fleur *(cauliflower).*
LE VENDEUR:	Ils sont beaux, hein, ces choux-fleurs?
MME LEBERT:	Très bien. Et puis, donnez-moi un kilo de pommes, les golden, s'il vous plaît.
LE VENDEUR:	Une petite salade *(lettuce)*?
MME LEBERT:	Oui. Une laitue *(a head of lettuce)* et puis une livre *(un demi-kilo)* d'endives.
LE VENDEUR:	Et avec ça?
MME LEBERT:	C'est tout. Ça fait combien?
LE VENDEUR:	115F. *(Le vendeur prend le billet de 100F et le billet de 20F que Mme Lebert lui donne.)* Voilà 5F. Merci bien!
MME LEBERT:	Merci. Au revoir, monsieur.

Puis, Madame Lebert va chez le boucher, acheter de la viande *(meat)* et chez
le poissonnier, acheter du poisson *(fish)*. Ensuite, elle achète quatre sortes de
fromages *(cheese)* différents à la crémerie-fromagerie. Elle passe à la boulangerie-pâtisserie chercher des baguettes et une tarte aux fruits. Dernier arrêt
(stop), l'épicerie, où elle achète deux litres de vin, un paquet de café et un
kilo de sucre.

On fait les courses

En France, on peut acheter les provisions au marché ou dans les magasins d'alimentation.

AU MARCHÉ

Dans une conversation entre un marchand et son (sa) client(e), on peut utiliser les expressions suivantes.

Pour demander ce que le (la) client(e) désire:
Et pour Madame? Et pour Monsieur? Et pour Mademoiselle?
Madame? Monsieur? Mademoiselle?
Vous désirez?
Qu'est-ce que je vous donne?
Oui?

Pour demander ce que la personne désire d'autre:
Et avec ça?
Quoi d'autre?
Une petite salade? Des radis?

Pour répondre au marchand:
Un kilo de haricots verts, s'il vous plaît.
Donnez-moi deux bottes de radis.
Je voudrais un chou-fleur.
Il me faut *(I need)* un kilo de pommes.

Pour s'informer auprès du vendeur:
Vous avez du filet de sole?   Est-ce que le poisson est arrivé *(has arrived)*?

Pour demander les quantités:
Un kilo *(2.21 lbs.)* de pommes
Une livre ou un demi-kilo de tomates
200 grammes de steak haché
Une tranche de jambon
Un litre de lait
Une bouteille d'huile d'olive
Un paquet de café

Pour demander le prix:
C'est combien, les fraises?   Quel est le prix du roquefort?

Pour donner le prix:
C'est 5F.
5F, Mademoiselle.
20F le kilo.

Pour finir:
C'est tout.
Ça fait combien?
Merci, / Au revoir, Monsieur / Madame.

DANS LES MAGASINS D'ALIMENTATION

une boulangerie (le boulanger):
du pain *(bread)*—une baguette,
  un croissant, un petit pain *(roll)*

une pâtisserie (le pâtissier)
des desserts—un gâteau, une tarte (aux fruits),
  un éclair, une glace *(ice cream)*

une boucherie (le boucher)
de la viande—du bœuf, de l'agneau *(lamb)*, du veau *(veal)*
de la volaille *(poultry)*—du poulet *(chicken)*,
  du carnard *(duck)*

une charcuterie (le charcutier)
de la charcuterie—du jambon *(ham)*, du pâté,
  du saucisson *(hard, dry sausage; salami)*,
  une salade garnie

une poissonnerie (le poissonnier)
des poissons—la sole, la truite, le saumon, le thon *(tuna)*
des fruits de mer—les huîtres *(oysters)*, le crabe
  les crevettes *(shrimp)*, le homard *(lobster)*

une crémerie-fromagerie (le crémier)
du lait *(milk)*, du beurre, de la crème, du fromage,
  des œufs *(eggs)*

une épicerie (l'épicier)
des fruits—les pommes *(apples)*, les oranges, les cerises *(cherries)*,
  les fraises *(strawberries)*, les bananes, les poires, les pêches
des légumes—les pommes de terre *(potatoes)*, les carottes, les haricots
  verts, les petits pois, les choux-fleurs, les tomates, les laitues,
  les asperges, les champignons *(mushrooms)*, les épinards *(spinach)*
des boissons—du café, du vin, de l'eau minérale
divers—du sucre, du sel, du poivre, de la moutarde

Note culturelle

LA NOURRITURE EN FRANCE

The French consider the enjoyment of food one of the most important things in life. Food can be purchased in three different kinds of places.

Traditionally, the French have shopped at the **marché,** or open-air market. The **marché** stalls are set up several days a week in the various neighborhoods of large cities or in the central square of smaller towns. Such open-air markets used to be found in American towns as well, but they have become quite rare.

Small specialty stores **(les magasins d'alimentation)** that sell only one type of food are another traditional place to shop. Page 179 shows the different kinds of shops and the foods that can be purchased at each.

The **supermarché** and the **hypermarché** or **grande surface** (a gigantic retail establishment combining a supermarket and a discount-type department store under one roof) have proliferated over the last 15 years. Although it is certainly convenient to purchase all of one's food in one place, many French men and women still prefer to buy their food in the small specialty stores or in the open-air markets. The more personal service and the opportunity for conversation found in such settings lend a pleasurable dimension to the experience of food shopping.

Activités

A. LES MAGASINS D'ALIMENTATION. To which store or market stand would you go to buy each item on the following shopping list?

du steak haché
Je vais à la boucherie (chez le boucher) pour acheter du steak haché.

1. des croissants
2. du pâté
3. de l'eau minérale
4. des œufs

5. une tarte aux pommes
6. des filets de sole
7. un paquet de café
8. une baguette de pain

B. ON FAIT SON MARCHÉ. Work in pairs. Select one food item and create a short dialogue between a customer and a vendor. Switch roles. Use the expressions on page 178 to help you.

la laitue
LE MARCHAND: *Monsieur (Mademoiselle)?*
LE (LA) CLIENT(E): *Oui, c'est combien la laitue?*
LE MARCHAND: *5F, monsieur (mademoiselle).*
LE (LA) CLIENT(E): *Donnez-moi une laitue, s'il vous plaît.*

C. LES ALIMENTS APPROPRIÉS.
Imagine yourself in each of the following situations. Which foods would you choose?

🔲 Vous adorez les desserts.
Je mange les gâteaux, les tartes, et les glaces.

1. Vous êtes végétarien(ne).
2. Vous détestez le poisson.
3. Pour vous, le cholestérol est un problème sérieux.
4. Le cholestérol est un problème, mais vous êtes fataliste.
5. Vous voulez maigrir (devenir plus mince).
6. Vous voulez grossir (devenir plus gros[se]).

D. ON FAIT LES COURSES.
Work in pairs. Make up an appropriate shopping list for each situation. Then say where you would go to buy the items you need. If you can, indicate exact quantities of some items.

🔲 un dîner de famille
Nous allons (On va) à la boulangerie pour acheter du pain. Nous allons chez le boucher pour acheter du veau,...

1. les provisions de la semaine
2. un déjeuner de famille
3. un pique-nique
4. un dîner intime
5. un buffet de fête pour vos amis

structure 3

The partitive article

You already know two types of articles—definite and indefinite.

The *definite article* (**le, la, l', les**) is used to talk about things in either a specific or a general sense. It corresponds to *the*, although this is not always stated in English.

Specific: You can point to the thing (or person). *The* is usually stated in English.

Passe **le sel**, s'il te plaît.   *Pass **the salt**, please.*
Les huîtres sont délicieuses!   *The **oysters** are delicious!*

General: This sense usually reflects an opinion and is often indicated by verbs such as **aimer, préférer,** or **détester.** In English, *the* is not used.

J'aime **le** vin rouge, mais je préfère **le** blanc.	*I like red wine, but I prefer white.*
L'eau minérale est bonne pour la santé.	*Mineral water is good for your health.*

The *singular indefinite article* (**un, une**) is used with things that can be counted, or that are expressed as if they were single objects, e.g., drinks that you order. It corresponds to the English *a* or *an.*

Donnez-moi **un couteau,** s'il vous plaît.	*Give me a knife, please.*
Je prends **une bière.**	*I'll take a (glass of) beer.*

The *partitive article* is used to express a vague, unspecified quantity or amount of something (i.e., *some* of it). You are not counting this thing, nor are you referring to it in a general or specific sense. The equivalent is some or any, which is commonly omitted in English. The following partitive articles must be used in French, however.

	MASCULINE	FEMININE	BEFORE A VOWEL
SINGULAR	du	de la	de l'
PLURAL	des	des	des (liaison)

Madame Lebert achète **de la** viande chez le boucher.	*Madame Lebert buys (some) meat at the butcher's.*
Est-ce que les Américains boivent **de l'**eau avec les repas?	*Do Americans drink (any) water with their meals?*

The plural partitive form **des** is the same as the plural of the indefinite article **un(e)**, and means the same thing.

After a negative expression or an expression of quantity, the partitive becomes **de** (**d'** before a vowel).

Madame Lebert achète **du** poisson, mais elle **n'**achète **pas de** pâté.
Madame Lebert buys (some) fish, but she doesn't buy any pâté.

Donnez-moi **un kilo de** pommes et **une livre d'**endives, s'il vous plaît. (specific quantity)
Give me a kilo of apples and a half-kilo of endives, please.

Oui, je prends **un peu de** fromage, s'il te plaît. (general quantity)
Yes, I'll take a little cheese, please.

exercices

A. ON ACHÈTE DES PROVISIONS. Use the correct partitive article to tell what you might buy in the following stores.

1. À la boucherie, on achète _____ bœuf, _____ agneau et _____ volaille.
2. À la charcuterie, on achète _____ pâté, _____ jambon et _____ saucisses. *(sausages).*
3. À l'épicerie, on achète _____ fruits, _____ légumes, _____ café, _____ moutarde et _____ eau minérale.
4. À la boulangerie-pâtisserie, on achète _____ pain, _____ croissants et _____ tartes.
5. À la crémerie-fromagerie, on achète _____ lait, _____ fromage, _____ crème et _____ œufs.

B. CUISINEZ! Imaginez que vous faites la cuisine. Nommez les ingrédients essentiels des plats suivants.

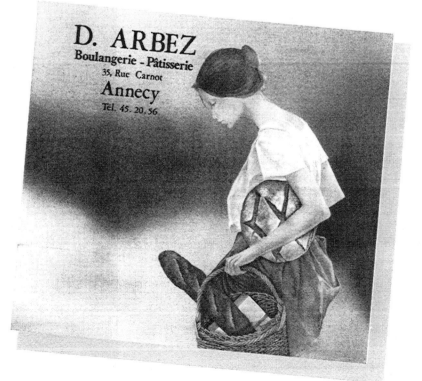 une salade verte
   de la laitue, de l'huile, du vinaigre, du sel, du poivre

1. une omelette aux champignons
2. un sandwich au fromage
3. une compote de fruits
4. un plat de crudités *(raw vegetables)*

5. une soupe de légumes
6. un hamburger Big Mac
7. des spaghetti à l'italienne
8. une pizza suprême

D. ARBEZ
Boulangerie - Pâtisserie
35, Rue Carnot
Annecy
Tél. 45. 20. 56

 **À TABLE**

Les Mercier prennent leur petit déjeuner
tous les dimanches matin vers neuf heures.

MME MERCIER: Jacques, est-ce que tu prends
du lait ce matin? Et veux-tu un
croissant au beurre? Martine revient de chez le boulanger
et ils sont tout chauds *(hot)*.

M. MERCIER: Un croissant, s'il te plaît. Tu veux du beurre sur ton
croissant?

MME MERCIER: Oui, et de la confiture *(jam)* de fraises. Martine, vas-tu
boire *(drink)* un petit café au lait?

MARTINE: Non, seulement un café. C'est incroyable le monde qu'il y a
(It's incredible how many people there are) le dimanche
matin chez le boulanger!

MME MERCIER: Jacques, je te redonne du café?

M. MERCIER: S'il te plaît. Martine, passe-moi le sucre, ma chérie.

MARTINE: Tiens! Il reste encore des croissants! Il y a des amateurs?

MME MERCIER: Non, merci.

 **plan d**

Les repas à la maison

Quand on est à table, on peut utiliser les expressions suivantes.

> **Pour offrir à boire ou à manger:**
>
> Est-ce que tu prends / vous prenez du lait?
>
> Veux-tu / Voulez-vous un croissant?
>
> Tu veux / vous voulez de la confiture?
>
> Vas-tu / Allez-vous boire du café?
>
> Je te redonne du café?
>
> **Pour accepter ou refuser:**
>
> —Un croissant, s'il te / vous plaît. (dire ou répéter la chose)
>
> —Oui / Non merci. —Avec plaisir.
>
> —S'il te / vous plaît. —Volontiers *(I'd love some)*.
>
> **Pour se faire servir:**
>
> Passe-moi le sucre, s'il te plaît.
>
> Tu me passes le sucre, s'il te plaît?
>
> Pourriez-vous me passer le sucre, s'il vous plaît?

C'est le 7 novembre '06.   Je m'appelle Pierre Kao.

No numbers   title

1. Les portes de la salle de la classe~de~ française
   sont à côté du mur à gauche.

2. Il y a des fênetres ~dans le~ autour du mur à droite. ?

3. ~Le~ Un ta~bl~leau est devant les étudiants de
   français

4. Au mi~l~llieu de la salle de classe il y
   a des étudiants et une ~madame~ profe-
   -sseur.
   (millieu)

5. L'étudiant derrière Pierre est Alex.

6. En face ~du~ projecteur~, de la classe il y a un écran.

7. Une La corbeille est au coim de la salle de
   ~la~ classe.

8. Les li~b~res d'Alex sont sur ~le~ un bureau.

9. Le sac de Laurette est à côté ~de~ d'une ~la~ chaise.

10. Les cahiers de Jean sont sous ~la~ une table.

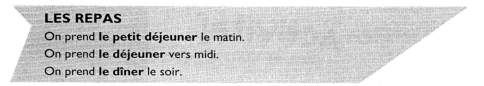

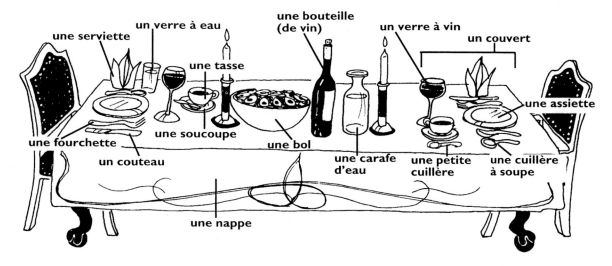

LES REPAS

On prend **le petit déjeuner** le matin.

On prend **le déjeuner** vers midi.

On prend **le dîner** le soir.

LA TABLE

une serviette — un verre à eau — une bouteille (de vin) — un verre à vin — un couvert — une tasse — une assiette — une fourchette — une soucoupe — une bol — une carafe d'eau — une petite cuillère — une cuillère à soupe — un couteau — une nappe

🔲 Note culturelle

LES REPAS EN FRANCE

In the morning, the French usually have **café au lait**—a small amount of strong coffee mixed with steamed milk—in a large cup or bowl. They eat **tartines** *(buttered bread)*, **pain grillé** *(toast)*, or croissants, perhaps with **confiture** *(jam)*. Children might drink hot chocolate.

Lunch has long been considered the most important meal of the day in France. Traditionally, businesses would close for an hour or two at noon to allow employees to return home for lunch. While this is no longer the case, lunch is still often the largest meal of the day. **Le dîner** tends to be somewhat lighter, except, of course, in restaurants. The dinner hour offers an opportunity for family conversation at the end of the day. As in the United States, however, television has replaced family interaction in some households during the evening meal.

A. LE COUVERT. Quel objet utilisez-vous:

1. pour couper un steak?
2. pour manger une salade verte?
3. pour boire du vin?
4. pour boire du café?
5. pour manger votre soupe?
6. pour boire de l'eau minérale?
7. pour boire un grand café au lait, le matin?
8. pour manger une mousse au chocolat?

B. À TABLE. Write the question that could have elicited each answer below.

> ÉRIC: *Veux-tu de la salade?*
> LAURENCE: Oui, s'il te plaît. Je mange de la salade tous les jours.

1. MARIANNE: _____?
   PAUL: Non, merci, je ne bois pas de café.

2. JEAN: _____?
   MARTINE: Merci. J'adore la confiture de fraises.

3. PAUL: _____?
   CÉCILE: Volontiers! Ces croissants sont délicieux.

4. JACQUES: _____?
   YVETTE: Tu devrais *(should)* faire attention au sel. C'est mauvais pour la santé.

5. MARIE: _____?
   CHRISTINE: S'il te plaît. Cette tarte est formidable.

Structure 4

The verb prendre

The irregular verb **prendre** has many meanings. Literally, it means *to take.*

Je **prends** un taxi quand je vais à l'aéroport.
Michel **prend** des photos de sa famille.
Nous **prenons** nos cahiers en classe.

Prendre is also used idiomatically, as in the following examples:

prendre un repas	*to eat (have) a meal*
prendre le déjeuner	*to have lunch*
prendre un café	*to have a (cup of) coffee*
prendre un verre	*to have a drink*
prendre une décision	*to make a decision*

Here are the present-tense forms of **prendre**:

prendre	
je **prends**	nous **prenons**
tu **prends**	vous **prenez**
il/elle/on **prend**	ils/elles **prennent**

Two verbs conjugated like **prendre** are **apprendre** *(to learn)* and **comprendre** *(to understand)*.

Les élèves **apprennent** le français.
Mon père ne **comprend** pas mes problèmes!

A. QU'EST-CE QU'ILS PRENNENT? Donnez la forme convenable du verbe **prendre** au présent.

1. Martine _____ son sac pour aller à la boulangerie.
2. La boulangère lui demande: «Que _____-vous?»
3. Madame Lavergne lui dit: «Qu'est-ce que tu _____?»
4. Pour le petit déjeuner, nous _____ des croissants.
5. Et vos voisins, qu'est-ce qu'ils _____ ?
6. Moi, je _____ du pain avec mon café au lait.
7. Madame Lavergne _____ des tonnes de croissants.
8. Madame Lavergne et son mari _____ du poids (grossissent).
9. Ils _____ alors la décision de suivre un régime *(diet)*.
10. Chez nous, on _____ un verre avant le dîner.

B. UNE INTERVIEW. Posez à votre camarade les questions suivantes.

1. Quelles langues apprends-tu?
2. Est-ce que tu comprends toujours quand le prof parle français?
3. Que prends-tu pour le petit déjeuner?
4. À quelle heure prends-tu le déjeuner?
5. Où prends-tu le déjeuner?
6. Prends-tu un verre, de temps en temps?
7. À ton avis *(opinion),* quelles décisions importantes est-ce qu'on prend dans la vie?
8. Est-ce que tu comprends tes parents? Et est-ce que tes parents te comprennent bien?

The verb boire

The irregular verb **boire** means *to drink*. Like **prendre** and many other French verbs, regular and irregular, its singular forms are pronounced alike. Here are the present-tense forms of **boire**.

boire	
je **bois**	nous **buvons**
tu **bois**	vous **buvez**
il/elle/on **boit**	ils/elles **boivent**

Les enfants **boivent** du lait, ordinairement.
Je **bois** du vin avec les repas.
Buvez-vous de l'eau minérale?

A. QU'EST-CE QU'ON BOIT? Complétez le dialogue.
Remplacez les blancs par la forme convenable du verbe **boire**.

VINCENT: Au café, les enfants ne _____ pas d'alcool. Mais nous,
les adultes, nous _____ des boissons fortes. Et toi, Mark,
qu'est-ce que tu _____ aux États-Unis?

LAURE: Il _____ du Coca, c'est sûr.

MARK: Non, je ne _____ pas de Coca. Chez nous, on _____ du
Perrier.

LAURE: Vous _____ du Perrier? Vraiment?

MARK: Eh, oui.

VINCENT: Et tes parents, qu'est-ce qu'ils _____?

MARK: Du Perrier aussi.

B. ET VOUS? Qu'est-ce que vous buvez ordinairement? Utilisez le
partitif dans vos réponses.

QUELQUES POSSIBILITÉS: le café / le thé / le chocolat / l'eau, l'eau minérale /
le lait / le jus de fruits / le Coca / le soda / le vin / la bière / le whisky /
le champagne ...

au petit déjeuner
Au petit déjeuner je bois du café.

1. au déjeuner

2. au dîner

3. entre les classes

4. quand vous regardez un match de football à la télévision

5. quand vous êtes invité(e) chez vos grands-parents

6. quand vous êtes invité(e) chez vos ami(e)s

7. quand vous étudiez

8. quand vous visitez le Mexique

9. quand vous visitez la Chine

rétrospective
SYNTHÈSE

A. LA VIE RÊVÉE. Regardez les photos à la page 167. Qu'est-ce qu'on apprend sur ces petites filles? Qu'est-ce que cela nous dit sur leur personnalité? Qui vous semble romantique? sportive?

Ces petites filles pensent à leur vie future. Et vous? Qu'est-ce que vous voudriez *(would like)* faire? Répondez aux questions suivantes.

1. Voudriez-vous vous marier? Quelle sorte de mariage? Un grand mariage traditionnel, après des fiançailles? Un mariage tout simple, avec deux témoins *(witnesses)*? Un mariage avec beaucoup d'amis, une grande boum *(party)*?
2. Où voulez-vous aller pour votre voyage de noces? aux chutes du Niagara? aux Caraïbes?
3. Quand allez-vous avoir des enfants? Combien d'enfants? Pas d'enfants?

B. TROUVEZ LES ANOMALIES. Madame Lavergne is going food shopping. But the following account of her trip is jumbled up. Identify the illogical sentences and then explain why they do not make sense.

Madame Lavergne va faire ses courses. D'abord, elle va chez le boulanger-pâtissier. Là, elle commande un gâteau, des fraises et une tarte aux pommes. Après, elle va au marché. Chez le boucher, elle achète des steaks, des côtes d'agneau, des filets de sole et un poulet. Chez le marchand de fruits et légumes, elle prend un kilo d'oranges, deux litres de vin et des radis. Une petite visite chez le plombier: elle achète un morceau *(piece)* de gruyère, des œufs et du fromage de chèvre *(goat)*. Ensuite, elle passe chez le charcutier et prend des éclairs et des saucisses. À l'épicerie, elle achète des antibiotiques pour son mari qui n'est pas bien. Le marché terminé, elle va chez sa voisine *(neighbor)* pour prendre un livre sur la cuisine sans cholestérol, parce qu'elle va faire des escargots au beurre pour le déjeuner.

C. LES COURSES. Write a letter to a French-speaking pen pal who has never seen American food stores or supermarkets. Imagine that you are buying either a week's supply of food or food for a formal dinner party. Tell where you go and what you buy. Remember to use the partitive article, when necessary, as well as some expressions of quantity.

D. ON PRÉPARE LE MENU. Work in pairs. Imagine that you are studying at a French university. You want to invite a group of friends to a formal French **déjeuner**. Decide what you will serve for each of the following courses. Then describe your menu to the class. Which menu is the most enticing?

1. hors-d'œuvre
2. plat principal
3. légumes
4. dessert
5. boissons

E. LES PROVISIONS DE LA SEMAINE.

Imagine that you are living in France and that you must do your weekly food shopping. Prepare a list of foods and products that you need to buy. Specify how much of each item you need. Arrange your shopping list in the following categories:

- la viande (le bœuf, la volaille)
- la charcuterie
- les fruits
- les légumes
- le poisson, les fruits de mer
- les produits laitiers (le lait, le fromage, etc)
- le pain, la pâtisserie
- les boissons
- divers (le sel, la moutarde, etc.)

F. D'UNE CULTURE À L'AUTRE.

Regardez la photo et répondez aux questions.

1. Est-ce qu'on voit des fenêtres comme cela aux États-Unis? Qu'ont-elles de particulier?
2. Pénélope énumère: **d'abord, ensuite,...** . Remarquez que le pouce *(thumb)* représente le numéro **un** en français alors que c'est l'index en anglais! Savez-vous quel est le premier jour de la semaine en France? Connaissez-vous d'autres gestes typiquement français?

vidéo synthèse

Watch the videotape for **Chapitre 7.** Then complete the accompanying activities in your workbook.

Vocabulaire

Verbes

acheter	*to buy*
appeler	*to call*
apprendre	*to learn*
avoir des enfants	*to have children*
boire	*to drink*
comprendre	*to understand*
demander	*to ask, tell (someone to do something)*
désobéir	*to disobey*
discuter	*to discuss*
divorcer	*to divorce, get divorced*

faire...

les courses	*to run errands, go food shopping*
la cuisine	*to cook*
les devoirs	*to do homework*
les lits	*to make the beds*
le marché	*to go marketing, food shopping*
le ménage	*to do housework*
la vaisselle	*to wash the dishes*

se fiancer	*to get engaged*
manger	*to eat*
se marier	*to marry*
obéir	*to obey*
préférer	*to prefer*
prendre	*to take*
prendre un repas	*to have (eat) a meal*
prendre un verre	*to have a drink (usually alcohol)*
punir	*to punish*
se remarier	*to remarry*

La famille

le beau-père	*the father-in-law; the stepfather*
la belle-mère	*the mother-in-law; the stepmother*
le (la) cousin(e)	*the cousin*
les enfants (m./f.)	*the children*
la femme	*the wife*
la fille	*the daughter*
le frère	*the brother*
la grand-mère	*the grandmother*
le grand-père	*the grandfather*
les grands-parents (m.)	*the grandparents*
le mari	*the husband*
la mère	*the mother*
le neveu	*the nephew*
la nièce	*the niece*
l'oncle (m.)	*the uncle*
les parents (m.)	*the parents; the relatives*
le père	*the father*

le petit-fils	*the grandson*
la petite-fille	*the granddaughter*
la tante	*the aunt*
le chat	*the cat*
le chien	*the dog*

Le marché, les magasins

une boucherie	*a butcher shop*
une boulangerie	*a bakery*
une charcuterie	*a pork butcher's shop; a deli*
une crémerie-fromagerie	*a dairy shop*
une épicerie	*a (general) grocery store*
un marché (en plein air)	*a market (open-air)*
une pâtisserie	*a pastry shop*
une poissonnerie	*a fish store*
un supermarché	*a supermarket*

Les marchands, les commerçants

un(e) boucher(-ère)	*a butcher*
un(e) boulanger(-ère)	*a baker*
un(e) charcutier(-ière)	*a pork butcher*
un(e) crémier(-ière)	*a dairyman*
un(e) épicier(-ière)	*a grocer*
un(e) marchand(e) de fruits et légumes	*a fruit and vegetable merchant*
un(e) pâtissier(-ière)	*a pastry chef*
un(e) poissonnier(-ière)	*a fish merchant*

Les aliments

le pain	*bread*
une baguette	*a loaf of French bread*
un croissant	*a croissant*
un petit pain	*a roll*

la viande	*meat*
l'agneau (m.)	*lamb*
le bœuf	*beef*
le filet	*filet (of beef, etc.)*
le porc	*pork*
le poulet	*chicken*
le rôti	*roast*
le steak (haché)	*steak (chopped, ground)*
le veau	*veal*
la volaille	*poultry*

la charcuterie	*delicatessen (foods), cold cuts*
le jambon	*ham*
le pâté	*pâté*
les saucisses (f.)	*sausages*
le saucisson	*large sausage, e.g., salami*

le poisson, les fruits de mer (m.)	fish, seafood	divers	miscellaneous
un crabe	a crab	le beurre	butter
une crevette	a shrimp	la crème	cream
un homard	a lobster	le fromage	cheese
une huître	an oyster	l'huile (f.)	oil
un saumon	a salmon	la mayonnaise	mayonnaise
une sole	a sole	la moutarde	mustard
un thon	a tuna	un œuf	an egg
une truite	a trout	le poivre	pepper
		le sel	salt
les légumes (m.)	vegetables	le sucre	sugar
les asperges (f.)	asparagus	le vinaigre	vinegar
une carotte	a carrot		
un champignon	a mushroom	**Expressions de quantité**	
un chou-fleur	a cauliflower	assez (de)	enough (of)
les crudités (f.)	raw vegetables, served as appetizer	beaucoup (de)	a lot (of)
		trop (de)	too much (of)
les épinards (m.)	spinach	un peu (de)	a little (of)
les haricots verts (m.)	green beans		
une laitue	a head of lettuce	une botte	a bunch
les petits pois (m.)	peas	une bouteille	a bottle
une pomme de terre (frite)	a potato (French-fried)	une douzaine	a dozen
un radis	a radish	un gramme	a gram
une salade	a head of lettuce	un kilo	a kilogram
une tomate	a tomato	un litre	a liter
		une livre	a pound (half-kilo)
les fruits (m.)	fruits	un paquet	a pack, package
une banane	a banana	une tranche	a slice
une cerise	a cherry		
une fraise	a strawberry	**Les repas**	
une orange	an orange	le déjeuner	lunch
une pêche	a peach	le dîner	dinner
une poire	a pear	le petit déjeuner	breakfast
une pomme	an apple	les provisions (f.)	provisions (food) for meals
les desserts (m.)	desserts	**La table**	
un éclair	an éclair	une assiette	a plate, dish
un gâteau	a cake	un bol	a bowl
la glace	ice cream	une carafe	a carafe
une mousse (au chocolat)	a (chocolate) mousse	un couteau	a knife
une tarte (aux fraises)	a (strawberry) tart	un couvert	a table (place) setting
		une cuillère	a spoon
les boissons (f.)	drinks	une fourchette	a fork
la bière	beer	une nappe	a tablecloth
le café	coffee	une serviette	a napkin
le chocolat	hot chocolate	une soucoupe	a saucer
le Coca(-Cola)	Coca-Cola	une tasse	a cup
l'eau (f.) (minérale)	(mineral) water	un verre	a glass
le lait	milk		
le thé	tea		
le vin	wine		

Avant la Lecture

1. Décrivez la photo qui accompagne le texte.
2. Lisez le paragraphe en gras *(in bold type)* et dites: **qui, où, quand, quoi.**
3. Essayez *(Try)* d'anticiper quelle sorte de famille c'est.
4. Qu'est-ce qui rend *(makes)* les enfants heureux dans une famille? Trouvez au moins trois choses.

. . . .

L'ŒIL SUR VOUS

CATHERINE PETERMAN, HÔTESSE DE L'AIR

42 ANS. DIVORCÉE. DEUX ENFANTS DE 15 ET 9 ANS. CHEF DE CABINE SUR UTA ET BÉNÉVOLE À MÉDECINS DU MONDE OU ELLE S'OCCUPE DE L'ENFANCE.

Tous les matins, à 7 h, je suis réveillée par mon fils aîné, Adoum, 15 ans, qui sifflote sous sa douche. Rien de tel pour me mettre de bonne humeur. Je vais réveiller son frère, Stéphane, 9 ans, et nous prenons le petit déjeuner tous les trois. Un baiser, le rituel «coucou» à la fenêtre et me voilà seule. Deux fois par semaine, j'essaie d'aller faire de la gym chez Edith George, rue de Tournon: c'est excellent pour la forme, mais aussi pour le moral. Puis je vais faire les courses au marché de Buci: un vrai plaisir. J'habite Saint-Germain-des-Près depuis vingt ans et les commerçants sont devenus des copains. En fin de matinée, je pars travailler. J'ai deux casquettes: UTA où je suis chef de cabine sur long courrier et Médecins du monde où j'anime le secteur Enfance. Quatre ou cinq fois par mois, ma compagnie m'envoie, pour une durée de deux à cinq jours, en Afrique, à Singapour ou à San Francisco. Pendant que je suis dans les avions, les enfants vont chez leur père dont je suis séparée depuis deux ans. Il habite à 200 m de chez moi. Nous partageons la même nounou. Les enfants passent d'un appartement à l'autre sans rupture. Les nuits en vol ou les décalages horaires sont très fatigants, mais j'aime cette vie qui m'a permis de parcourir le monde. Cet été, avec les garçons, nous avons été à Disneyworld et, à Noël, nous allons au Tchad. Nous aimons aussi partir le week-end (Sologne, île de Ré...) avec des amis ou des cousins. Nous avons choisi d'avoir un petit appartement (45 m²), mais une grande voiture, une R25, pour pouvoir nous échapper très souvent.

Quand je suis à Paris, je travaille bénévolement à Médecins du monde. Il y a dix ans, enceinte de Stéphane, j'ai accompagné mon mari médecin en mission au Tchad. J'y ai rencontré un petit garçon de 5 ans, Adoum, qui était condamné s'il n'était pas évacué rapidement sur Paris. Je m'en suis occupée comme s'il était mon fils. Depuis, il est resté chez moi. J'ai donc eu deux enfants en même temps, un Blanc et un Noir, qui s'adorent et qui sont le bonheur de ma vie.

[...] Je travaille sur la Chaîne de l'espoir. Nous faisons venir des enfants inopérables dans leur pays pour les soigner en France. C'est une formidable chaîne de solidarité: UTA offre les billets d'avion, les chirurgiens les opèrent bénévolement et des familles françaises les reçoivent. Mes deux activités, professionnelle et bénévole, se superposent parfaitement bien. L'après-midi, j'ai de nombreux rendez-vous dans les hôpitaux avec les assistantes sociales, les médecins, les éducatrices. À 16 h 30, j'essaie d'être à la maison: je ne veux pas tomber dans le piège qui consiste à s'occuper des autres et délaisser les siens. Je regarde les devoirs de Stéphane, puis je téléphone aux marraines: ce sont des femmes extraordinaires qui débordent de générosité et de tendresse, ces valeurs qui sont pour moi celles de la vie. Je ne suis pas une fana des fourneaux, plutôt une adepte des surgelés et du micro-ondes. Après le dîner, les enfants lisent ou regardent un film. Nous parlons beaucoup tous les trois des choses de la vie comme des événements du monde. Les garçons couchés, parfois je vais au cinéma ou au restaurant avec des copains. D'autres jours, après un café serré, je boucle ma valise et celle des enfants et j'enfile mon uniforme. Direction l'aéroport. Ou tout simplement je me glisse sous la couette et, vers 23 h, je dors.

OLIVIA DE LAMBERTERIE

Source: *Elle*, 25 novembre 1991

Après La Lecture

A. Cherchez tous les exemples d'adjectifs possessifs dans le texte (il y en a dix, l'exemple ci-dessous non-inclus). Ensuite transformez les premières personnes (singulier ou pluriel) en troisièmes personnes: **je** en **il** ou **elle**, **nous** en **ils** ou **elles** et vice-versa.

■ Je suis réveillée par mon fils.
   Elle est réveillée par son fils.

B. LES ARTICLES

1. Trouvez dans le texte des exemples:
   - de l'article **un, une**: deux exemples où il signifie *a, an* et deux exemples où il signifie *one*.
   - de l'article partitif **du, de la, des**: un exemple.
2. Expliquez l'utilisation de **du, des, au, aux** dans les phrases suivantes:
   - Je vais faire les courses **au** marché de Buci.
   - Médecin **du** monde.
   - Je téléphone **aux** marraines (What can you deduce about the verb **téléphoner?**)
   - Nous parlons beaucoup **des** choses de la vie. (Again, what can you deduce about the verb **parler?**)

C. En français on utilise souvent l'article défini (quand le rapport de possession est évident) là où l'anglais utilise le possessif.

■ *Nous prenons* le *petit déjeuner. On peut dire aussi: nous prenons* notre *petit déjeuner.*

Trouvez au moins trois exemples de phrases où on peut substituer l'article défini par un possessif.

D. L'EMPLOI DU TEMPS

1. Trouvez dans le texte toutes les expressions de temps qui indiquent l'heure, les habitudes de Catherine (**tous les soirs, à, vers etc…**).
2. Faites un tableau de l'emploi du temps hebdomadaire *(weekly)* de Catherine.
3. Faites un tableau de l'emploi du temps des deux enfants; précisez chez qui ou avec qui ils sont.

E. EXPRESSIONS INTÉRESSANTES

1. The word **humeur** refers to the four "humors" that, according to Classical Age doctors, ruled our body, and our mood (!). Medicine has improved greatly since then, but the expression remained: **je suis de bonne/mauvaise humeur** or **ça me met de bonne/mauvaise humeur** *(it puts me…).*
   - Qu'est-ce qui met Catherine de bonne humeur le matin?
   - Et vous? Quand êtes-vous de bonne/mauvaise humeur? (1 exemple)
   - Qu'est-ce qui vous met de bonne/mauvaise humeur? (1 exemple)
2. «J'ai deux casquettes» Où met-on une casquette (partie du corps)? À quelle occasion? Dans quelle profession porte-t-on une casquette? Que signifie «j'ai deux casquettes» dans le texte? Utilisez le contexte.
3. «Fana, adepte». Quand on est «fana» ou «adepte» de quelque chose on «adore» cette chose. Catherine n'est pas fana des fourneaux; elle est adepte des surgelés et du micro-ondes. Exprimez autrement ce que cela signifie.

   Et vous? Êtes-vous adepte des fourneaux ou du micro-ondes?
   De quoi êtes-vous fana en général? de télé? de musique? de cuisine chinoise?… ?
   Donnez trois exemples et expliquez.

F. Combien d'enfants a Catherine? Qu'est-ce qui est particulier? Est-elle mariée ou divorcée? A-t-elle de bons rapports avec son ex-mari? Qu'est-ce que «Médecins du monde»?

A. Quels sont les avantages et les inconvénients du métier de Catherine? Est-ce un métier pour vous? Pourquoi (pas)?

B. Que fait-elle dans son temps libre? Avec qui sort-elle? Où? A-t-elle une vie équilibrée? Justifiez. Comment peut-elle améliorer sa vie?

C. Est-ce facile d'adopter un enfant? Quels sont les problèmes possibles/ fréquents?

D. Utilisez vos réponses de la partie F et écrivez une petite composition sur les effets du divorce sur la vie de famille? Qu'est-ce qui change/ne change pas? Qu'est-ce qui est négatif/positif dans le divorce?

chapitre 8

La Maison et La vie quotidienne

objectives

Talking about where you live

Describing your home

Talking about things in the home and personal possessions

Discussing daily activities

Mise en scène Mise en forme

1 Sonia et Aurélia rentrent à la maison. Le samedi, elles sortent de l'école à midi.

2 Les parents travaillent. Les filles sont seules à la maison. Sonia, 9 ans, prépare à manger.

3 Philippe est un célibataire d'été *(summer)*. Sa femme et ses enfants sont en vacances. Il se promène *(walks)* dans la rue.

4 Philippe rend visite à Thierry. Les deux copains se préparent à manger.

5 Thierry met *(puts)* les légumes surgelés *(frozen)* dans la poêle *(pan)*.

6 Philippe porte des chemises à la blanchisserie.

QUE FONT CES PETITES FILLES LE SAMEDI? QUI PRÉPARE LE REPAS? PHILIPPE EST UN «CÉLIBATAIRE D'ÉTÉ». QU'EST-CE QUE CELA VEUT DIRE?

CHEZ SOI OU CHEZ LES COPAINS?

Dans certaines familles, pendant un mois d'été (par exemple, juillet), la mère et les enfants sont en vacances et le père reste seul en ville—un célibataire d'été.

Quand sa femme part *(leaves)* en vacances en Bretagne, Philippe, un cadre de 39 ans, aime bien jouer au célibataire. Le soir, après une journée de travail, il aime sortir *(to go out)*. Il va au cinéma, ou bien il va chez des copains. Mais il rentre avant minuit. Il a besoin de dormir *(to sleep)* ses huit heures pour être en forme le lendemain. Ce soir, Philippe va chez Thierry. Thierry habite dans un appartement. Demain, Philippe va inviter d'autres copains chez lui. Ils vont célébrer l'anniversaire de Jacques. Philippe va faire la cuisine lui-même *(himself)*. Du surgelé *(frozen food)*, bien sûr! Mais l'important, c'est d'être ensemble.

Le logement

Où habitez-vous? dans une ville? dans la banlieue *(suburbs)* d'une ville? dans un village? à la campagne? dans une résidence universitaire? La plupart des gens habitent dans une maison ou un appartement.

UNE MAISON (UN PAVILLON)

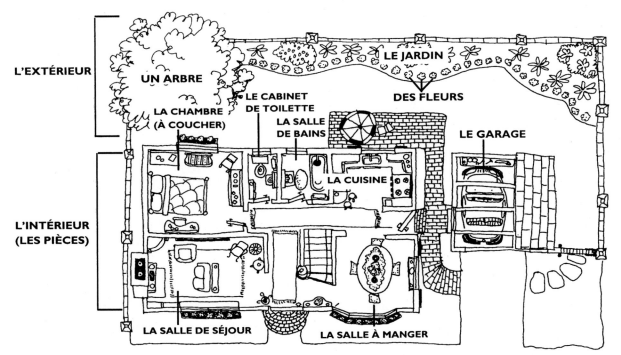

UN APPARTEMENT

L'appartement se trouve généralement dans un immeuble. L'immeuble est construit de la manière suivante:

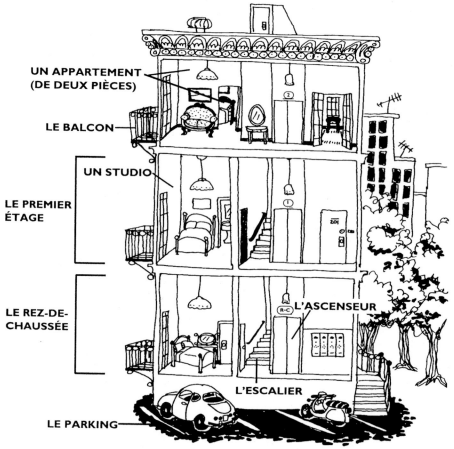

UN APPARTEMENT (DE DEUX PIÈCES)

LE BALCON

UN STUDIO

LE PREMIER ÉTAGE

LE REZ-DE-CHAUSSÉE

L'ASCENSEUR

L'ESCALIER

LE PARKING

✇ Note culturelle

UNE MAISON FRANÇAISE

Une maison française typique! Remarquez la clôture *(fence)*! Les maisons françaises sont bien délimitées, avec des murs, des portes autour de *(surrounding)* la propriété. On ne peut pas entrer dans le jardin! Aux fenêtres, il y a des volets *(shutters)* en bois *(wood)* ou en fer *(iron)*. Le soir, on ferme les volets. C'est une protection! Même chose pour les immeubles. On entre dans des cours privées. L'accès n'est pas immédiat.

Les Français sont un peu comme leurs maisons. Ils se protègent *(protect themselves)* de l'extérieur. C'est difficile de connaître un Français, mais quand on est amis, c'est souvent pour la vie!

Depuis les années 70, les choses ont un peu évolué: les jeunes sont plus faciles à connaître.

Activités

A. À LA MAISON. Où fait-on les choses suivantes?

🌀 On admire les fleurs. *On admire les fleurs dans le jardin.*

1. On prépare le dîner.
2. On prend un bain.
3. On prend le déjeuner du dimanche avec toute la famille.
4. On regarde la télévision.
5. On parle au téléphone.
6. On se repose sous un arbre.
7. On prend le petit déjeuner.
8. On fait les devoirs.

B. UN APPARTEMENT TYPIQUE. Lisez l'annonce et regardez le plan de l'appartement. Puis faites la description de l'appartement. Votre description peut comporter *(include)* des réponses aux questions suivantes.

- Où l'appartement est-il situé?
- Combien d'étages l'immeuble a-t-il?
- Combien de pièces *(rooms)* comptez-vous?
- Quelles pièces remarquez-vous?
- Est-ce que vous observez autre chose?
- Quand peut-on visiter l'appartement décoré?

◆ RAPPEL: Expression utile pour la description: **Il y a...**

Votre appartement-jardin face à 19 hectares de parc.

JARDIN PRIVATIF
75M²

CHAMBRE 1
379 X 265

SÉJOUR
553 X 398

HALL
375 X 140

PL.
TOILETTES

W.C.

BAINS

CUISINE
350 x 279

CHAMBRE 2
433 x 279

PL.

CHAMBRE 3
368 x 267

Leuffre & Associés

Dans un cadre de verdure, exceptionnel si près de Paris, Cogedim vient de réaliser 2 petits groupes d'immeubles de trois étages. Votre appartement avec son jardin privé, **disponible immédiatement**, peut être financé par un **Prêt Conventionné**. **Bureau de vente sur place** et appartement décoré tous les jours sauf mardi et mercredi, de 11 heures à 13 heures et de 14 heures 30 à 19 heures.

Le Parc de la Jonchère à Bougival

COGEDIM

Pour recevoir une documentation Le Parc de la Jonchère, envoyer ce bon à Cogedim. 43 Boulevard Malesherbes, 75008 Paris.

Nom _____ Prénom _____
Adresse _____ Tél. _____ F.M.

C. ON CHERCHE UN APPARTEMENT. Vous cherchez un appartement à Paris et vous remarquez ces petites annonces dans le journal. Choisissez l'appartement que vous préférez et décrivez cet appartement à votre camarade. Votre description peut comporter des réponses aux questions suivantes.

- Où est-ce que l'appartement est situé?
- Quelle sorte d'appartement est-ce? Combien de pièces a-t-il? À quel étage est-il?
- Est-ce qu'on mentionne les dimensions de l'appartement? (m^2 = mètre carré = *10 sq. ft.)*
- Quel est le loyer mensuel *(monthly rent)?*

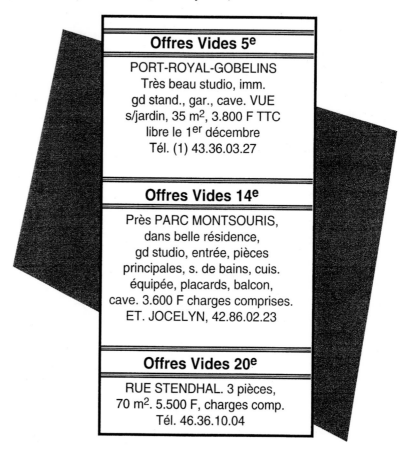

Offres Vides 5^e

PORT-ROYAL-GOBELINS
Très beau studio, imm.
gd stand., gar., cave. VUE
s/jardin, 35 m^2, 3.800 F TTC
libre le 1er décembre
Tél. (1) 43.36.03.27

Offres Vides 14^e

Près PARC MONTSOURIS,
dans belle résidence,
gd studio, entrée, pièces
principales, s. de bains, cuis.
équipée, placards, balcon,
cave. 3.600 F charges comprises.
ET. JOCELYN, 42.86.02.23

Offres Vides 20^e

RUE STENDHAL. 3 pièces,
70 m^2. 5.500 F, charges comp.
Tél. 46.36.10.04

D. QUESTIONS PERSONNELLES. Répondez aux questions.

1. Où habitez-vous? dans une ville? dans la banlieue d'une ville? à la campagne? dans une résidence universitaire?
2. Où habite votre famille?
3. Où est-ce que votre université est située?
4. Combien d'étages a votre maison / immeuble / résidence?
5. Combien de pièces a votre maison / appartement?
6. Avez-vous un balcon? un jardin? un garage?
7. Y a-t-il un ascenseur chez vous? un escalier?
8. À quel étage est l'entrée?

The verbs dormir, partir, and sortir

The verbs **dormir** *(to sleep)*, **partir** *(to leave)*, and **sortir** *(to go out, leave)* do not belong to the regular -ir group *(finir, choisir, etc.)*. However, these verbs resemble each other in their conjugation.

In the singular forms, the -ir ending of the infinitive plus the consonant preceding it are dropped. To this stem are added the singular endings: -s, -s, -t.

In the plural forms, only the -ir is dropped, and the endings are the familiar -ons, -ez, -ent.

	dormir	partir	sortir
je	dors	pars	sors
tu	dors	pars	sors
il/elle/on	dort	part	sort
nous	dormons	partons	sortons
vous	dormez	partez	sortez
ils/elles	dorment	partent	sortent

Le samedi, **je dors** jusqu'à 10 heures.
Sortez-vous souvent avec vos amis?
Les Mercier partent en vacances.

French has three verbs that mean to leave: **partir**, **sortir**, and **quitter**.

Partir means *to leave* in the general sense. It can be used alone or with a preposition.

Nous **partons** demain.	*We **are leaving** tomorrow.*
Roger **part pour** le Canada.	*Roger **is leaving for** Canada.*
Janine **part de** sa maison à 7h00.	*Janine **leaves** her house at 7 o'clock.*

Sortir means *to leave* in the sense of *to go out (of some place)*. When used in this sense, it is often followed by the preposition **de**. **Sortir** can also mean *to go out for the evening,* for example, on a date. Like **partir**, it can be used alone or with a preposition.

Brigitte **sort de** sa chambre.	*Brigitte **is leaving** her room.*
Tu vas **sortir avec** Claude?	*Are you **going out with** Claude?*
Tu **sors** ce soir?	*Are you **going out** tonight?*

Quitter means *to leave* also, but must be followed by a direct object.

Elle **quitte sa maison** à 9h00.	*She **leaves** her house at 9:00.*
Je **quitte New York** ce soir.	*I **am leaving** New York tonight.*
Ma chérie, **ne me quitte pas**!	*Darling, **don't leave me**!*

exercices

A. OÙ DORT-ON? Répondez aux questions suivantes par des phrases complètes, avec un peu d'imagination.

> 🔔 Où dort-on normalement?
> *Normalement, on dort dans sa chambre / dans son lit.*

1. Où dormez-vous, normalement?
2. Monsieur et Madame Moulin se disputent. Ils sont furieux, tous les deux. Où dort Madame Moulin? Où dort Monsieur Moulin?
3. Où dort le chat? le chien?
4. Le prof est ennuyeux. Où dorment les étudiants?
5. Nous sommes en voyage. Où dormons-nous?
6. Où dorment les célibataires d'été? et leurs femmes?

B. CHOISISSEZ LE VERBE CONVENABLE. Remplissez les blancs avec la forme convenable de **dormir, partir, sortir** ou **quitter.**

1. Je _____ le campus à 5 heures de l'après-midi.
2. Le dimanche, nous _____ jusqu'à 10 heures.
3. Est-ce que tu _____ toujours avec Richard?
4. Quelle insolence! Allez! _____ immédiatement!
5. Le train _____ de la gare de Lyon à 11h25.
6. Philippe est fatigué, après une journée de travail. Il _____ dans la cuisine.
7. La femme et les enfants de Thierry _____ en vacances demain.
8. Vous _____ Montréal? Mais pourquoi?

C. QUESTIONS PERSONNELLES. Posez les questions suivantes à un(e) camarade, qui va vous répondre. Changez de rôle.

1. Partez-vous en vacances chaque année? Où allez-vous?
2. Habitez-vous sur le campus? À quelle heure quittez-vous la maison (la résidence) le matin? À quelle heure arrivez-vous en classe? À quelle heure partez-vous du campus?
3. Sortez-vous le week-end? Avec qui? Où allez-vous?
4. Sortez-vous souvent avec un(e) ami(e)?
5. Combien d'heures dormez-vous, normalement? quand vous avez un examen à préparer?
6. Jusqu'à quelle heure dormez-vous le Jour de l'An (1er janvier)?

À LA MAISON

Maintenant, nos deux célibataires d'été, Thierry et Philippe, vont dîner ensemble. Ils sont dans la cuisine. Philippe, pour aider Thierry, met *(sets)* la table. Thierry, lui, met *(puts)* un plat surgelé dans le micro-ondes *(microwave)*. Et voilà! Tout est prêt. Thierry sort *(takes out)* une boîte de pâté du placard *(cupboard)* et une bouteille de vin blanc du réfrigérateur, et les deux amis commencent à manger.

Les meubles et l'équipement

LA SALLE DE SÉJOUR **LA SALLE À MANGER**

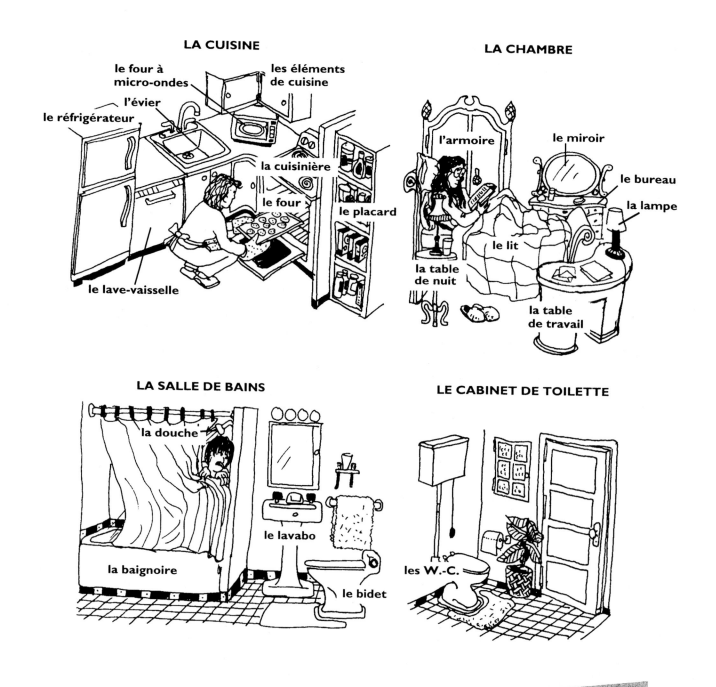

LA CUISINE

le four à micro-ondes

les éléments de cuisine

l'évier

le réfrigérateur

la cuisinière

le four

le placard

le lave-vaisselle

LA CHAMBRE

l'armoire

le miroir

le bureau

la lampe

le lit

la table de nuit

la table de travail

LA SALLE DE BAINS

la douche

le lavabo

la baignoire

le bidet

LE CABINET DE TOILETTE

les W.-C.

◼ Note culturelle

L'ÉQUIPEMENT SANITAIRE

In most French homes, the toilet is separate from the rest of what Americans would call the bathroom. A common bathroom fixture is the **bidet**, which is not usually found in American homes.

Activités

A. QU'EST-CE QUE C'EST? Identifiez les choses suivantes.

1. 2. 3. 4.

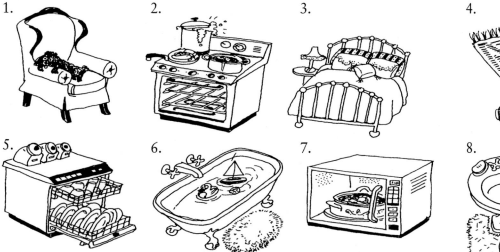

5. 6. 7. 8.

B. UN AGENT IMMOBILIER (*A realtor*).

Imaginez que vous montrez une maison à louer *(to rent)*. Indiquez les meubles ou l'équipement qu'on va trouver dans chaque pièce.

 dans le cabinet de toilette
> *Dans le cabinet de toilette, il y a les W.-C. et un lavabo.*

1. dans la cuisine
2. dans la salle à manger
3. dans la salle de bains
4. dans la salle de séjour

5. dans la chambre des parents
6. dans la chambre d'un garçon
7. dans la chambre d'une fille
8. à l'extérieur

C. CHEZ TOI. Interviewez votre partenaire pour trouver l'information suivante. Notez ses réponses. Ensuite écrivez un paragraphe sur le logement de votre partenaire.

1. où il/elle habite en ce moment (dans une résidence universitaire, un appartement, une maison?)
2. les meubles dans sa chambre (Quels meubles est-ce qu'il y a... ?)
3. les meubles dans la chambre de ses parents
4. les meubles dans sa salle de séjour
5. l'équipement dans sa cuisine
6. l'équipement dans sa salle de bains
7. la pièce qu'il/elle préfère
8. le meuble qu'il/elle préfère

The verb mettre

Thierry met les légumes surgelés dans la poêle.

The verb **mettre** is irregular. Here are the present tense forms.

Pronunciation note: There is no **t** sound in the singular, but the **t** is heard in the plural.

mettre	
je mets	nous mettons
tu mets	vous mettez
il/elle/on met	ils/elles mettent

Mettre, literally, means *to put* or *to place.*

> **Je mets** les assiettes dans le buffet.
> Quel imbécile! **Il met** ses chaussures sur la table!
> **Les Américains mettent** souvent du lait et du sucre dans leur café.

Mettre can also mean:

- *to set (the table)*

    Philippe **met la table** pendant que Thierry prépare un plat surgelé.

- *to put something on (to wear)*

    Je **mets un costume** quand j'ai un entretien.

- *to turn on*

    Veux-tu **mettre la télévision?**

A. CHAQUE CHOSE À SA PLACE. Où est-ce que les personnes suivantes mettent chacune des choses mentionnées? Donnez la pièce, le meuble ou l'appareil convenable.

🚩 on / les bouteilles de Coca
On met les bouteilles de Coca dans le réfrigérateur.

1. je / les chaussettes
2. Hélène et Georges / la vaisselle, après le dîner
3. tu / les serviettes *(towels)* de bain
4. vous / le beurre
5. je / le bébé
6. Isabelle / le chat
7. nous / le téléphone
8. Thierry / son costume bleu

B. QUESTIONS. Demandez à votre partenaire quels vêtements il/elle met dans chacune des situations suivantes.

1. pour aller en classe
2. pour assister à une réunion professionnelle
3. pour aller à un concert de rock

Demandez également:

4. où il/elle met ses chaussures
5. où il/elle met ses livres
6. quand il/elle met la télévision
7. quand il/elle met la radio
8. où il/elle voudrait mettre le prof de français, après un examen difficile

3ème Séquence · LES POSSESSIONS

Jacques est un vrai célibataire. Il habite seul à Paris. Jacques a un gros problème: il oublie *(forgets)* tout. Par conséquent, Jacques prépare une liste des activités de la semaine. Voici ce qu'il doit faire.

1. rendre son disque à Monique
2. vendre son ordinateur
3. installer une étagère
4. réparer son magnétoscope
5. acheter des vidéocassettes
6. répondre à la lettre de son client
7. rendre visite à sa sœur

Malheureusement, Jacques perd *(loses)* sa liste et oublie presque tout ce qu'il doit faire. Imaginez la seule chose qu'il n'oublie pas de faire!

PLAN C

Les objets

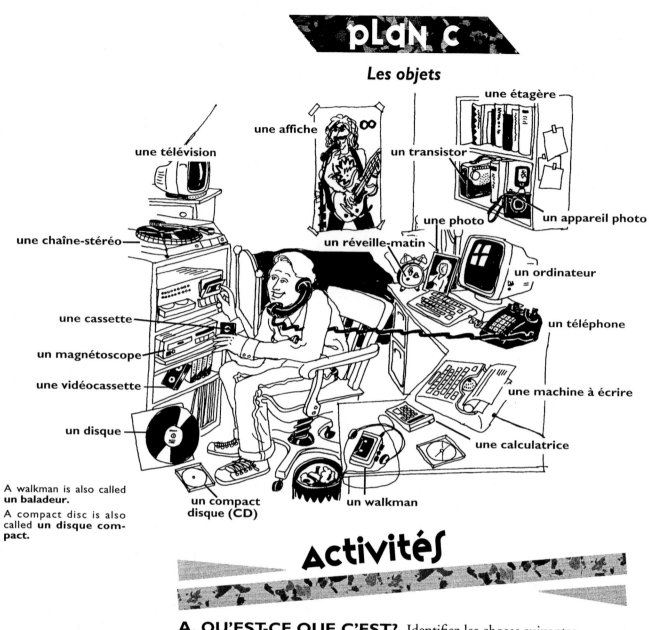

une affiche

une étagère

une télévision

un transistor

une chaîne-stéréo

une photo

un appareil photo

un réveille-matin

un ordinateur

une cassette

un magnétoscope

un téléphone

une vidéocassette

une machine à écrire

un disque

une calculatrice

A walkman is also called **un baladeur.**

A compact disc is also called **un disque compact.**

un compact disque (CD)

un walkman

Activités

A. QU'EST-CE QUE C'EST? Identifiez les choses suivantes.

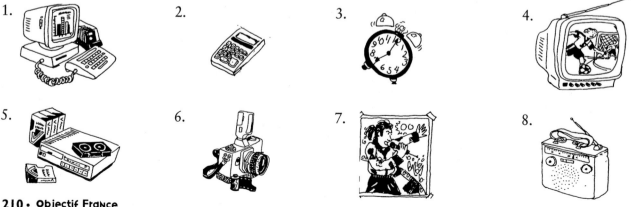

1.

2.

3.

4.

5.

6.

7.

8.

B. À QUOI SERT... ? Dites ce que vous faites avec chacun des objets suivants.

🐌 une cassette
J'écoute une cassette.

1. un téléphone
2. une chaîne-stéréo
3. un magnétoscope
4. un ordinateur

5. une affiche
6. un appareil photo
7. un transistor (une radio)
8. une télévision

C. LES CHAMBRES D'ÉTUDIANTS. Avec un(e) partenaire, Imaginez les chambres des étudiant(e)s suivant(e)s. Décrivez toutes les choses, tous les objets qui se trouvent dans chaque chambre.

1. un(e) étudiant(e) matérialiste
2. un(e) étudiant(e) anti-matérialiste
3. un(e) étudiant(e) sérieux(-euse)
4. un(e) étudiant(e) totalement bizarre

◆ RAPPEL: **Il y a...**

Present tense of regular -re verbs

In addition to regular verbs ending in **-er** and **-ir**, there is a third group of regular French verbs—those with an infinitive ending in **-re**.

Here are the present tense forms of **répondre** *(to answer)*, which you have probably heard in the command form (**Répondez!**).

répondre	
je réponds	nous répondons
tu réponds	vous répondez
il/elle/on répond	ils/elles répondent

Notice that in writing, the stem itself is the third-person singular form. There is no particular present tense ending to be added. When inverting to ask a question, the final **d** is pronounced like a **t**.

- Other verbs conjugated like **répondre** are: **attendre** *(to wait, to wait for)*, **descendre** *(to come / go down)*, **entendre** *(to hear)*, **perdre** *(to lose)*, **rendre** *(to give back)*, and **vendre** *(to sell)*.

Pronunciation note:
There is no **d** sound in the singular forms. (In **répondre**, for example, the second syllable is nasalized.) The **d** of the plural is sounded, however.

- Descendre can also mean *to get off* or *to get out of* (a vehicle). The preposition **de** often follows the verb.

    On **descend** (du train) à Versailles.

- **Rendre** is used in the expression **rendre visite à**, meaning *to visit people*. **Visiter** can only mean *to visit things* or *places*.

    Je vais **rendre visite à** Mamie.
    Nous allons **visiter** le Louvre.

- In English, we *wait for* someone or something. In French, there is no preposition after **attendre**—the *for* is included in the meaning.

    Nous **attendons** le bus.   *We are waiting for the bus.*

- Conversely, no preposition is used in English when the verb *to answer* is followed by an object. In French, however, the preposition **à** is added when **répondre** is used with an object.

    L'enfant **ne répond pas à** sa mère.   *The child does not answer his mother.*

    Ne **réponds pas au** téléphone!   *Don't answer the phone!*

exercices

A. CRÉEZ LES PHRASES. Faites une phrase complète en utilisant les verbes et le sujet indiqués à gauche avec un des objets dans la liste à droite. Soyez logique!

> je / descendre   le taxi
> *Je descends du taxi.*

1.	nous / rendre	tante Béatrice
2.	tu / attendre	le train
3.	Louis / perdre	l'ordinateur
4.	je / répondre (à)	la calculatrice
5.	Laurent et Martine / rendre visite (à)	le taxi
6.	vous / descendre (de)	la musique
7.	mes parents / vendre	le téléphone
8.	je / entendre	la voiture

B. CONSEILS. Donnez des conseils à votre ami(e). Utilisez le verbe proposé à l'impératif.

🖐 J'ai la calculatrice de Laure et elle la cherche. (rendre)
Alors, rends la calculatrice à Laure.

1. Je ne veux pas rester dans la voiture. (descendre de)
2. Je voudrais voir Grand-papa. (rendre visite à)
3. J'ai besoin d'argent. (vendre / voiture)
4. Ma mère me pose toujours la même question. (répondre à)
5. Je veux aller en ville et ma voiture ne marche pas. (attendre / bus)
6. Je vais laisser ma montre sur la table, là. (perdre, au négatif)
7. Voilà le téléphone qui sonne. (répondre)
8. Je ne peux pas prendre la voiture maintenant. Je dois demander la permission à mes parents, et ils sont toujours au marché. (attendre / parents)

4ème séquence LA VIE QUOTIDIENNE

Philippe se rase.

Voici, en quelques mots, la vie de Philippe quand il est célibataire d'été. Pendant la semaine, Philippe se lève *(gets up)* à 8 heures. Il se lave *(washes),* se rase *(shaves)* et se prépare son petit déjeuner. Il fait du café et mange un croissant. Puis, il s'habille *(gets dressed),* se peigne *(combs his hair)* et se brosse les dents. Il sort de chez lui à 9 heures moins le quart pour se rendre au bureau *(to go to the office).* À midi, il va au restaurant du coin avec un ou deux collègues de bureau. En fin d'après-midi, quand il sort du bureau, il n'a plus d'emploi du temps fixe. Il va parfois au cinéma. Il invite des copains, ou bien il va chez des copains qui sont, comme lui, célibataires d'été. Cette vie est assez agréable, au moins pour quelques semaines. Il se couche *(goes to bed)* tard, vers minuit.

plan d

Les activités de la journée

Je me lève à 7 heures.

Je me lave.

Je me rase.

Je me peigne.

Je m'habille, puis je prends le petit déjeuner.

Je me brosse les dents. Ensuite je pars à l'université à 8 heures et je rentre chez moi vers 4 heures de l'après-midi.

Je me repose dans ma chambre, puis je dîne avec la famille.

Je fais mes devoirs. Je me couche à minuit.

QUELQUES AUTRES ACTIONS

s'amuser	*to enjoy oneself*
se dépêcher	*to hurry*
se disputer	*to quarrel*
s'ennuyer	*to be bored*
se maquiller	*to put on makeup*
s'occuper de	*to look after*
se reposer	*to relax, rest*
se réveiller	*to wake up*

Activités

A. OÙ EST-ON? Dans quelle pièce de la maison fait-on chacune des actions suivantes?

 On se réveille
On se réveille dans la chambre.

1. On se lave.
2. On s'habille.
3. On prend le petit déjeuner.
4. On se brosse les dents.
5. On se repose.

6. On dîne avec la famille.
7. On regarde la télé.
8. On fait la vaisselle.
9. On se couche.

B. UN COUPLE AMOUREUX. Choisissez le verbe convenable.

s'amuser / se coucher / se dépêcher / se disputer /
se laver / se marier / se promener / se reposer

1. Ils s'aiment et désirent fonder une famille. Ils...
2. Il y a une querelle.
3. Ils sont en retard.
4. Ils regardent un beau film au cinéma.
5. Ils veulent faire un peu d'exercice.
6. Il est 7 heures du matin. Ils se lèvent et puis...
7. Ils vont dans le jardin après une longue journée de travail.
8. Il est tard et ils sont fatigués.

C. ET VOUS? Parlez de votre routine journalière. Utilisez des phrases complètes.

1. À quelle heure est-ce que vous vous réveillez le lundi?
2. Et ensuite, que faites-vous (4 ou 5 activités)?
3. Est-ce que vous prenez le petit déjeuner tous les jours?
4. À quelle heure quittez-vous la maison / la résidence?
5. À quelle heure dînez-vous?
6. Est-ce que vous vous occupez de la vaisselle?
7. Que faites-vous après le dîner?
8. À quelle heure est-ce que vous vous couchez?

Reflexive verbs

Philippe se promène dans la rue.

Many of the French verbs that express actions that are part of the daily routine are *reflexive*—that is, they indicate things that are done to (or for) oneself. The action is *reflected* back onto the subject.

All verbs of this type take a reflexive pronoun before the verb form, itself—including the infinitive. When you look up a reflexive verb in a dictionary or vocabulary list, the infinitive will always appear with the pronoun se (s'). Do you recall some reflexive verbs you have already seen and heard, or even used?

Consider a typical daily action—dressing. If you were a parent, you might dress your baby or small child.

> J'**habille** mon enfant.

Of course, you also dress yourself (get dressed). This is expressed by the reflexive construction.

> Je **m'habille** et puis, je prends le petit déjeuner.

Note how some other verbs may be used in both a reflexive and non-reflexive sense.

Je **me réveille**.   Je **réveille** mon frère.
Nous **nous lavons**.   Nous **lavons** la voiture.
Papa **se couche**.   Papa **couche** les enfants.

◆ **RAPPEL:**

s'appeler
Je m'appelle Marie.

se marier
Ils vont se marier dans trois mois.

CONJUGATING REFLEXIVE VERBS IN THE PRESENT TENSE

Most reflexive verbs belong to the regular -er group. You already know how to conjugate them—simply add the appropriate reflexive pronoun: **me, te, se, nous, vous, se.** Here are the present-tense forms of **se réveiller** and **s'habiller.**

se réveiller	s'habiller
je **me** réveille	je **m'**habille
tu **te** réveilles	tu **t'**habilles
il/elle/on **se** réveille	il/elle/on **s'**habille
nous **nous** réveillons	nous **nous** habillons
vous **vous** réveillez	vous **vous** habillez
ils/elles **se** réveillent	ils/elles **s'**habillent

In a negative statement, the **ne** comes before the reflexive pronoun and the **pas,** after the verb. (The reflexive pronoun and verb are "glued" together. Nothing can separate them.)

> Pendant la semaine, nous nous levons à 7 heures.
> Le dimanche, nous **ne** nous levons **pas** avant 9 heures.
> Et toi, tu **ne** te lèves **pas** avant 11 heures, n'est-ce pas?

It is possible to use inversion when asking a question with a reflexive verb.

> Comment **vous appelez-vous?**
> **Te couches-tu** avant minuit?

However, it is usually easier to use **est-ce que** when asking questions with reflexive verbs, especially in conversation.

> **Est-ce que** tu te couches avant minuit?
> Pourquoi **est-ce que** tu ne te rases pas?

- Like **acheter,** the verbs **se lever** and **se promener** take an **accent grave** in all present-tense forms except **nous** and **vous.**

> D'habitude *(Usually),* je me **lève** à 6 heures.
> Nous nous **levons** à 7 heures.

> Yann se **promène** souvent après le déjeuner.
> Est-ce que vous vous **promenez** dans le parc de temps en temps?

- When a reflexive verb is followed by a part of the body, the definite article is used (rather than a possessive adjective).

> Je me lave **le** visage.   *I wash my face.*
> Nicole se brosse **les** cheveux.   *Nicole is brushing her hair.*

REFLEXIVE VERBS, THE INFINITIVE, AND THE IMMEDIATE FUTURE

In French, when there are two consecutive verbs, the second one is normally an infinitive.

> Vous pouvez **partir.**   *You may leave.*

This is true also when a reflexive verb is the second verb. Note, however, that the reflexive pronoun accompanying the infinitive corresponds to the subject of the first verb (which is also the subject of the second verb).

> **Je** veux **me reposer** maintenant.
> **Pauline et Marc** aiment **se promener** à la campagne.

This is precisely the case with the immediate future, also.

> **Nous** allons **nous amuser** à Paris, c'est certain.

In a negative construction, the **ne** and **pas** surround the first (conjugated) verb.

> Tu **ne vas pas** te lever ce matin?
> Je **n'aime pas** me raser avec un rasoir électrique.

exercices

A. ON SE RÉVEILLE. Imaginez à quelle heure les personnes suivantes se réveillent.

1. Je suis étudiant(e) à l'université. Je...
2. Mathieu est agent de police. Il...
3. Nous travaillons dans un supermarché. Nous...
4. Tu es vétérinaire. Tu...
5. Monsieur et Madame Tuvache sont agriculteurs en Normandie. Ils...

B. RESPONSABILITÉS. Les personnes suivantes s'occupent d'elles-mêmes, mais elles ont des responsabilités aussi. Exprimez cette idée en remplissant les blancs.

> Madame Bertin _____, et puis elle réveille les enfants.
> Madame Bertin *se réveille,* et puis elle réveille les enfants.

1. Je _____, et puis je lave le bébé.
2. Tu _____, et puis tu réveilles ton mari.
3. Monsieur Barbier couche les enfants et, un peu plus tard, il _____.
4. Vous _____, et puis vous habillez le bébé.
5. Nous _____, et puis nous amusons les enfants.

C. QU'EST-CE QU'ILS NE FONT PAS? Utilisez un des verbes
suivants, au négatif, avec le sujet indiqué. Faites une phrase complète.

> se brosser les dents / se coucher / s'habiller / se laver
> se lever / se maquiller / se promener / se raser

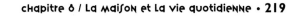 Madeleine travaille tout le temps. (se reposer)
Elle ne se repose pas.

1. Le voyou *(hoodlum)* ne fait pas attention à l'hygiène personnelle.
2. Thomas et Carole sont des nudistes.
3. Je travaille toute la nuit.
4. Tu es paresseux et tu veux rester au lit.
5. Vous ne suivez pas les conseils de votre dentiste.
6. Nous ne faisons pas d'exercice.
7. Hélène boycotte les produits de beauté.
8. Roger veut avoir une barbe magnifique.

D. QU'EST-CE QU'ON VA FAIRE? Complétez chaque phrase
en utilisant le verbe proposé au futur proche. Donnez l'information
demandée, selon votre imagination.

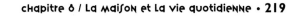 Marc / se lever (à quelle heure?)
Marc va se lever à 7 heures.

1. Paul et Christine / se fiancer (quand?)
2. Nous / se promener (où?)
3. Je / se coucher (à quelle heure?)
4. Les enfants / s'habiller (pourquoi?)
5. Mireille / se marier (avec qui?)
6. Tu / se reposer (quand?)
7. Vous / s'amuser (où?)
8. Daniel / se dépêcher (pour aller où?)

A. ACTIVITÉS QUOTIDIENNES DU SAMEDI.

Regardez les photos des deux filles. Ensuite, imaginez un samedi dans leur vie. Écrivez un paragraphe sur l'emploi du temps d'Aurélia et de Sonia.

Aurélia et Sonia rentrent chez elles. À quelle heure est-ce qu'elles sortent de l'école le samedi?

Voici Sonia dans la cuisine. Elle prépare un petit en-cas *(snack)*. Elle fait une omelette. C'est midi, et c'est l'heure du déjeuner.

Aurélia et Sonia se lèvent à 7 heures...

B. UN JOUR DANS LA VIE...

Regardez ces photos de Philippe, notre célibataire d'été. Imaginez à partir de ces photos une journée dans la vie de Philippe.

Philippe sort du bureau et se promène.

Philippe et Thierry vont manger ensemble.

Philippe se rend (va) à la blanchisserie. Il ne lave pas ses chemises lui-même. Il n'aime pas repasser *(to iron)*!

Philippe fait sa petite lessive. Il lave ses chaussettes!

Philippe mange en regardant la télé. Il se repose.

C. PLANS DE MAISON. Choisissez une des personnes dans la liste suivante. Travaillez avec vos camarades pour dessiner le plan de la maison idéale. Un des membres du groupe va servir d'artiste. Mettez les pièces, les meubles, l'équipement, les appareils et d'autres objets appropriés, avec quelques détails extérieurs. *Attention:* Quand un individu propose une pièce ou un objet, il est obligatoire qu'il/elle s'exprime *en français*. L'artiste n'a pas le droit *(is not allowed)* de dessiner ce qu'on propose en anglais.

- la maison d'un ouvrier
- la maison d'un Président Directeur Général (PDG) d'une grande entreprise
- la maison d'une star de rock
- la maison d'un cheikh du pétrole
- la maison d'un professeur
- la maison d'un artiste
- la maison d'un ermite paranoïaque

D. LA MAISON DE MES RÊVES. Décrivez à votre camarade la maison de vos rêves *(dreams)*. Où se trouve-t-elle? Combien d'étages a-t-elle? Combien de pièces? Qu'est-ce qu'on trouve à l'intérieur de la maison? à l'extérieur? Votre partenaire va poser quelques questions pour obtenir d'autres détails.

E. VOS ACTIVITÉS QUOTIDIENNES. Imaginez que quelqu'un vous demande de décrire une journée typique. Parlez de vos activités quotidiennes en ordre chronologique, du matin jusqu'au soir. Vous allez utiliser un certain nombre de verbes réfléchis *(reflexive)*, bien sûr. Utilisez également quelques-uns des verbes suivants: **dormir, entendre, mettre, partir, sortir, attendre, descendre, répondre.**

F. D'UNE CULTURE À L'AUTRE. Sur la photo à la page 220, Sonia, 9 ans, prépare à manger. Elle et sa sœur se préparent toujours des repas équilibrés *(balanced)*. Voyez, Sonia prépare une omelette! À 9 ans!

Quand vous rentrez chez vous et que vous avez faim *(hungry)*, est-ce que vous vous préparez un petit en-cas *(snack)* équilibré ou bien est-ce que vous commandez une pizza? Vous arrêtez-vous au fast-food du coin pour manger un hamburger?

Comparez les habitudes alimentaires des Américains que vous connaissez avec celles de Sonia et d'Aurélia. Qu'est-ce que cela nous dit sur ce que les Français pensent de la nourriture?

vidéo synthèse

Watch the videotape for **Chapitre 8.** Then complete the accompanying activities in your workbook.

Vocabulaire

Verbes

attendre	to wait (for)
descendre	to go, come down; to get out of (a vehicle)
dormir	to sleep
entendre	to hear
mettre	to put, place; to put on (clothing); to turn on
partir	to leave
perdre	to lose
quitter	to leave
rendre	to give back
rendre visite (à)	to visit someone
répondre (à)	to answer
sortir	to leave, go out
vendre	to sell
s'amuser	to enjoy oneself, have a good time
se brosser	to brush
se brosser les cheveux	to brush one's hair
se brosser les dents	to brush one's teeth
se coucher	to go to bed
se dépêcher	to hurry
se disputer (avec)	to fight, quarrel (with)
s'ennuyer	to be bored
s'habiller	to get dressed
se laver	to wash oneself
se lever	to get up
se maquiller	to apply makeup
s'occuper (de)	to attend to
se peigner	to comb one's hair
se promener	to take a walk
se raser	to shave
se reposer	to rest, relax
se réveiller	to wake up

Le logement

la banlieue	the suburbs
la campagne	the countryside
le centre	city center, downtown
un immeuble	an apartment building
une maison	a house
un pavillon	a villa, detached house
un quartier	a neighborhood

une résidence universitaire	a student residence, dormitory
un village	a village, small town
une ville	a city
un(e) voisin(e)	a neighbor

Un immeuble

un appartement	an apartment
un deux, trois pièces	a two-, three-room apartment
un ascenseur	an elevator
un balcon	a balcony
un escalier	a stairway
un étage	a floor, story
un parking	a parking lot, garage
le rez-de-chaussée	the ground (street) floor
un studio	a studio apartment

Les pièces de la maison

une cave	a cellar (often a wine cellar)
un cabinet de toilette	the toilet
une chambre (à coucher)	a bedroom
une cuisine	a kitchen
un garage	a garage
un jardin	a garden, back yard
un arbre	a tree
une fleur	a flower
une salle à manger	a dining room
une salle de bains	a bathroom
une salle de séjour	a living room

Les meubles, l'équipement, les appareils

une armoire	closets, a wardrobe
une baignoire	a bathtub
un bidet	a bidet
un buffet	a sideboard, china closet
un bureau	a bureau, a desk, an office
une chaise	a chair
une cheminée	a fireplace
une commode	a chest of drawers (higher than a bureau)
une cuisinière	a kitchen stove, range
une douche	a shower

des éléments de cuisine *(m.)*	kitchen cabinets
un évier	a kitchen sink
un fauteuil	an armchair
un four	an oven
un four à micro-ondes	a microwave oven
une lampe	a lamp
un lavabo	a bathroom sink
un lave-vaisselle	an automatic dishwasher
un lit	a bed
un miroir	a mirror
un placard	a (kitchen) cupboard, a pantry
un réfrigérateur	a refrigerator
un sofa	a sofa
une table	a table
une table de nuit	a night table
une table de travail	a work table, a desk
un tapis	a rug, carpet
les W.-C. *(m.)*	the toilet (fixture)

Les objets

une affiche	a poster
un appareil photo	a camera
une calculatrice	a handheld calculator
une cassette	a cassette
une chaîne-stéréo	a stereo system
un compact disque	a CD
un disque	a phonograph record
une étagère	a set of shelves
un livre	a book
une machine à écrire	a typewriter
un magnétoscope	a VCR
un ordinateur	a computer
une photo	a photograph
un réveille-matin	an alarm clock
un téléphone	a telephone
une télévision	a television set
un transistor	a transistor radio
une vidéocassette	a videocassette
un walkman	a walkman

LA CÔTE-D'IVOIRE, LA GUINÉE ET LE CAMEROUN

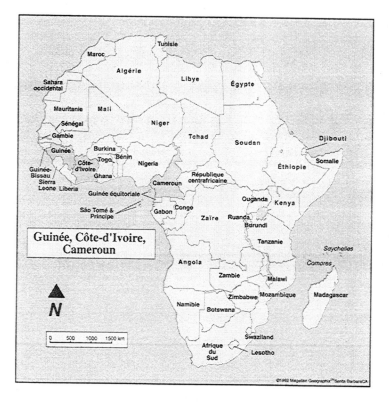

Guinée, Côte-d'Ivoire, Cameroun

La Côte-d'Ivoire et la Guinée sont deux territoires situés en Afrique occidentale, sur l'Atlantique.

La Côte-d'Ivoire est entièrement colonisée à la fin du XIXème siècle. Membre de la Communauté des pays francophones sous le nom de République de Côte-d'Ivoire (1958), le pays, sous l'impulsion de F. Houphouët-Boigny, accède à l'indépendance le 8 août 1960.

La Guinée est englobée dans l'Afrique occidentale Française (AOF) en 1895. Elle opte pour l'indépendance lors du référendum proposé par le général de Gaulle (1958) et se constitue en république de Guinée sous la présidence de Sékou Touré, qui devient également chef du gouvernement.

Le Cameroun est un état d'Afrique équatoriale, au fond du Golfe de Guinée. Le territoire est successivement colonisé par les Allemands, les Britanniques et les Français. En 1916, la colonie est partagée (*divided*) entre la Grande-Bretagne et la France, qui occupe les neuf-dixièmes du pays. Elle devient indépendante en 1960.

LA CÔTE-D'IVOIRE

Superficie: 322 462 km^2
Population: 12 000 000 habitants (env.)
Langue officielle: le français
Monnaie: le franc CFA
Capitale: Abidjan
Chef de l'État: le président de la République
Particularité: La population rassemble plus de 60 ethnies différentes. Le dioula et le baoulé sont des langues commerciales entre ethnies.

LA GUINÉE

Superficie: 245 857 km^2
Population: 7 000 000 habitants (env.)
Langue officielle: le français
Monnaie: le franc guinéen
Capitale: Conakry
Chef de l'État: le président de la République
Particularité: Jusqu'en 1990, régime militaire connu pour sa violente répression.

LE CAMEROUN

Superficie: 475 442 km^2
Population: 12 000 000 habitants (env.)
Langues officielles: français et anglais
Monnaie: le franc CFA
Capitale: Yaoundé
Chef de l'État: le président de la République
Particularité: République fédérale avec deux langues officielles et 200 autres langues et dialectes.

Appendices

Regular and Irregular Verbs

INFINITIF	PRÉSENT	PASSÉ COMPOSÉ	IMPARFAIT

Regular verbs in -er, -ir, -re

INFINITIF	PRÉSENT	PASSÉ COMPOSÉ	IMPARFAIT
porter	je porte tu portes il porte nous portons vous portez ils portent	j'ai porté tu as porté il a porté nous avons porté vous avez porté ils ont porté	je portais tu portais il portait nous portions vous portiez ils portaient
finir	je finis tu finis il finit nous finissons vous finissez ils finissent	j'ai fini tu as fini il a fini nous avons fini vous avez fini ils ont fini	je finissais tu finissais il finissait nous finissions vous finissiez ils finissaient
attendre	j'attends tu attends il attend nous attendons vous attendez ils attendent	j'ai attendu tu as attendu il a attendu nous avons attendu vous avez attendu ils ont attendu	j'attendais tu attendais il attendait nous attendions vous attendiez ils attendaient

Reflexive verbs

INFINITIF	PRÉSENT	PASSÉ COMPOSÉ	IMPARFAIT
se coucher	je me couche tu te couches il se couche nous nous couchons vous vous couchez ils se couchent	je me suis couché(e) tu t'es couché(e) il s'est couché nous nous sommes couché(e)s vous vous êtes couché(e)(s) ils se sont couchés	je me couchais tu te couchais il se couchait nous nous couchions vous vous couchiez ils se couchaient

FUTUR	SUBJONCTIF	CONDITIONNEL	IMPÉRATIF
	que (qu')		
je porterai	je porte	je porterais	porte
tu porteras	tu portes	tu porterais	portons
il portera	il porte	il porterait	portez
nous porterons	nous portions	nous porterions	
vous porterez	vous portiez	vous porteriez	
ils porteront	ils portent	ils porteraient	
je finirai	je finisse	je finirais	finis
tu finiras	tu finisses	tu finirais	finissons
il finira	il finisse	il finirait	finissez
nous finirons	nous finissions	nous finirions	
vous finirez	vous finissiez	vous finiriez	
ils finiront	ils finissent	ils finiraient	
j'attendrai	j'attende	j'attendrais	attends
tu attendras	tu attendes	tu attendrais	attendons
il attendra	il attende	il attendrait	attendez
nous attendrons	nous attendions	nous attendrions	
vous attendrez	vous attendiez	vous attendriez	
ils attendront	ils attendent	ils attendraient	
	que (qu')		
je me coucherai	je me couche	je me coucherais	couche-toi
tu te coucheras	tu te couches	tu te coucherais	couchons-nous
il se couchera	il se couche	il se coucherait	couchez-vous
nous nous coucherons	nous nous couchions	nous nous coucherions	
vous vous coucherez	vous vous couchiez	vous vous coucheriez	
ils se coucheront	ils se couchent	ils se coucheraient	

INFINITIF	PRÉSENT	PASSÉ COMPOSÉ	IMPARFAIT

Verbs with spelling changes in the stem

INFINITIF	PRÉSENT	PASSÉ COMPOSÉ	IMPARFAIT
acheter (like acheter: se lever)	j'achète tu achètes il achète nous achetons vous achetez ils achètent	j'ai acheté	j'achetais
préférer (like préférer: espérer)	je préfère tu préfères il préfère nous préférons vous préférez ils préfèrent	j'ai préféré	je préférais
appeler	j'appelle tu appelles il appelle nous appelons vous appelez ils appellent	j'ai appelé	j'appelais
payer (like payer: essayer, envoyer)	je paie tu paies il paie nous payons vous payez ils paient	j'ai payé	je payais
commencer (like commencer: placer)	je commence tu commences il commence nous commençons vous commencez ils commencent	j'ai commencé	je commençais
manger (like manger: voyager)	je mange tu manges il mange nous mangeons vous mangez ils mangent	j'ai mangé	je mangeais

FUTUR	SUBJONCTIF	CONDITIONNEL	IMPÉRATIF
	que (qu')		
j'achèterai	j'achète tu achètes il achète nous achetions vous achetiez ils achètent	j'achèterais	achète achetons achetez
je préférerai	je préfère tu préfères il préfère nous préférions vous préfériez ils préfèrent	je préférerais	préfère préférons préférez
j'appellerai	j'appelle tu appelles il appelle nous appelions vous appeliez ils appellent	j'appellerais	appelle appelons appelez
je paierai	je paie tu paies il paie nous payions vous payiez ils paient	je paierais	paie payons payez
je commencerai	je commence tu commences il commence nous commencions vous commenciez ils commencent	je commencerais	commence commençons commencez
je mangerai	je mange tu manges il mange nous mangions vous mangiez ils mangent	je mangerais	mange mangeons mangez

INFINITIF	PRÉSENT	PASSÉ COMPOSÉ	IMPARFAIT
Irregular verbs			
aller	je vais tu vas il va nous allons vous allez ils vont	je suis allé(e)	j'allais
avoir	j'ai tu as il a nous avons vous avez ils ont	j'ai eu	j'allais
boire	je bois tu bois il boit nous buvons vous buvez ils boivent	j'ai bu	je buvais
connaître	je connais tu connais il connaît nous connaissons vous connaissez ils connaissent	j'ai connu	je connaissais
devoir	je dois tu dois il doit nous devons vous devez ils doivent	j'ai dû	je devais
dire	je dis tu dis il dit nous disons vous dites ils disent	j'ai dit	je disais

FUTUR	SUBJONCTIF	CONDITIONNEL	IMPÉRATIF
	que (qu')		
j'irai	j'aille tu ailles il aille nous allions vous alliez ils aillent	j'irais	va allons allez
j'aurai	j'aie tu aies il ait nous ayons vous ayez ils aient	j'aurais	aie ayons ayez
je boirai	je boive tu boives il boive nous buvions bous buviez ils boivent	je boirai	bois buvons buvez
je connaîtrai	je connaisse tu connaisses il connaisse nous connaissions vous connaissiez ils connaissent	je connaîtrais	connais connaissons connaissez
je devrai	je doive tu doives il doive nous devions vous deviez ils doivent	je devrais	dois devons devez
je dirai	je dise tu dises il dise nous disions vous disiez ils disent	je dirais	dis disons dites

INFINITIF	PRÉSENT	PASSÉ COMPOSÉ	IMPARFAIT
écrire (like écrire: décrire)	j'écris tu écris il écrit nous écrivons vous écrivez ils écrivent	j'ai écrit	j'écrivais
être	je suis tu es il est nous sommes vous êtes ils sont	j'ai été	j'étais
faire	je fais tu fais il fait nous faisons vous faites ils font	j'ai fait	je faisais
lire	je lis tu lis il lit nous lisons vous lisez ils lisent	j'ai lu	je lisais
mettre (like mettre: permettre)	je mets tu mets il met nous mettons vous mettez ils mettent	j'ai mis	je mettais
ouvrir (like ouvrir: offrir)	j'ouvre tu ouvres il ouvre nous ouvrons vous ouvrez ils ouvrent	j'ai ouvert	j'ouvrais

FUTUR	SUBJONCTIF	CONDITIONNEL	IMPÉRATIF
j'écrirai	j'écrive tu écrives il écrive nous écrivions vous écriviez ils écrivent	j'écrirais	écris écrivons écrivez
je serai	je sois tu sois il soit nous soyons vous soyez ils soient	je serais	sois soyons soyez
je ferai	je fasse tu fasses il fasse nous fassions vous fassiez ils fassent	je ferais	fais faisons faites
je lirai	je lise tu lises il lise nous lisions vous lisiez ils lisent	je lirais	lis lisons lisez
je mettrai	je mette tu mettes il mette nous mettions vous mettiez ils mettent	je mettrais	mets mettons mettez
j'ouvrirai	j'ouvre tu ouvres il ouvre nous ouvrions vous ouvriez ils ouvrent	j'ouvrirais	ouvre ouvrons ouvrez

INFINITIF	PRÉSENT	PASSÉ COMPOSÉ	IMPARFAIT
partir (like **partir**: **dormir, sentir,** **servir, sortir**)	je pars tu pars il part nous partons vous partez ils partent	je suis parti(e)	je partais
pouvoir	je peux tu peux il peut nous pouvons vous pouvez ils peuvent	j'ai pu	je pouvais
prendre (like **prendre**: **apprendre,** **comprendre**)	je prends tu prends il prend nous prenons vous prenez ils prennent	j'ai pris	je prenais
recevoir	je reçois tu reçois il reçoit nous recevons vous recevez ils reçoivent	j'ai reçu	je recevais
savoir	je sais tu sais il sait nous savons vous savez ils savent	j'ai su	je savais
suivre	je suis tu suis il suit nous suivons vous suivez ils suivent	j'ai suivi	je suivais

FUTUR	SUBJONCTIF	CONDITIONNEL	IMPÉRATIF
je partirai	je parte tu partes il parte nous partions vous partiez ils partent	je partirais	pars partons partez
je pourrai	je puisse tu puisses il puisse nous puissions vous puissiez ils puissent	je pourrais	*(n'existe pas)*
je prendrai	je prenne tu prennes il prenne nous prenions vous preniez ils prennent	je prendrais	prends prenons prenez
je recevrai	je reçoive tu reçoives il reçoive nous recevions vous receviez ils reçoivent	je recevrais	reçois recevons recevez
je saurai	je sache tu saches il sache nous sachions vous sachiez ils sachent	je saurais	sache sachons sachez
je suivrai	je suive tu suives il suive nous suivions vous suiviez ils suivent	je suivrais	suis suivons suivez

INFINITIF	PRÉSENT	PASSÉ COMPOSÉ	IMPARFAIT
venir (like **venir:** **devenir, revenir**)	je viens tu viens il vient nous venons vous venez ils viennent	je suis venu(e)	je venais
voir (like **voir: croire**)	je vois tu vois il voit nous voyons vous voyez ils voient	j'ai vu	je voyais
vouloir	je veux tu veux il veut nous voulons vous voulez ils veulent	j'ai voulu	je voulais

FUTUR	SUBJONCTIF	CONDITIONNEL	IMPÉRATIF
je viendrai	je vienne tu viennes il vienne nous venions vous veniez ils viennent	je viendrais	viens venons venez
je verrai	je voie tu voies il voie nous voyions vous voyiez ils voient	je verrais	vois voyons voyez
je voudrai	je veuille tu veuilles il veuille nous voulions vous vouliez ils veuillent	je voudrais	

Two Additional Tenses

Although first-year students rarely use them in speaking or writing, there are two other tenses you may wish to recognize: the pluperfect (**le plus-que-parfait**) and the past conditional (**le passé du conditionnel**). Like the passé composé, each is composed of an auxiliary verb (**avoir** or **être**) and a past participle. The rules of past participle agreement you have learned apply to both tenses.

the pluperfect

The pluperfect is formed with the imperfect of **avoir** or **être** and the past participle. It represents an action in the past that had been completed before another past action took place.

> J'**avais préparé** l'examen, mais j'ai eu quand même une mauvaise note.
> *I **had studied** for the exam, but I got a bad grade anyway.*

> Elle **était** déjà **partie** quand j'ai téléphoné.
> *She **had** already **left** when I phoned.*

> Ils s'**étaient** déjà **couchés** quand le cambrioleur est entré dans leur maison.
> *They **had** already **gone** to bed when the burglar entered their home.*

the past conditional

The past conditional is formed with the conditional of **avoir** or **être** and the past participle. It indicates something one would have done if the circumstances had been different.

> À ta place, j'**aurais commandé** le poulet.
> *In your place, I **would have ordered** the chicken.*

> Elle **serait allée** au concert, mais elle avait beaucoup de travail à faire.
> *She **would have gone** to the concert, but she had lots of work to do.*

The past conditional is also used to indicate a conjectured result, when the sentence begins with **si** and presents a hypothetical situation in the pluperfect.

> Si on **avait eu** le temps, on **aurait visité** Bruxelles.
> *If we **had had** the time, we **would have visited** Brussels.*

> S'ils s'**étaient levés** plus tôt, ils **n'auraient pas été** en retard.
> *If they **had gotten up** earlier, they **would not have been** late.*

Lexique français-anglais

A

à at, to, in, on; **à air conditionné** air conditioned; **à côté de** next to, beside; **à demain** see you tomorrow; **à destination de** go to; **à deux lits** with two beds; **à droite** on, to the right; **à gauche** on, to the left; **à prix fixe** at a fixed price; **à tout à l'heure** see you in a while; **à un lit** with one bed; **à votre avis** in your opinion

abbaye (f.) abbey
abonnement (m.) subscription
absolument absolutely
accord (m.) agreement; **être d'accord** to agree
accident (m.) accident
accueillir to welcome, take in
achats (m.) purchases
acheter to buy
acteur (m.) actor
actrice (f.) actress
actualités (f.) news
addition (f.) check (bill)
admirer to admire
adorer to love
adresse (f.) address
adulte (m., f.) adult
aérogramme (m.) air letter
aéroport (m.) airport
affiche (f.) poster
affreux frightful, terrible
affronter (un problème) to confront, face (a problem)
âge (m.) age
âgé(e) elderly
agence (f.) agency

agent (m.) **de police** police officer (municipal); **agent immobilier** real estate agent
agitation (f.) restlessness, nervousness
agneau (m.) lamb
agresser quelqu'un to assault, mug someone
agresseur (m.) mugger
agression (f.) assault, mugging
aimer to like, to love
album (m.) album
alimentation (f.) food
Allemagne (f.) Germany
allemand(e) German
aller to go
américain(e) American
ami(e) friend
amidon (m.) starch
amphithéâtre (m.) lecture hall
amusant(e) funny, amusing
amuser: s'amuser to enjoy oneself, to have a good time
ancien(ne) old
anglais(e) English
Angleterre (f.) England
année (f.) year
anniversaire (m.) birthday
annonce (f.) announcement, commercial, advertisements; **annonce classée** classified ad
annuaire (m.) telephone directory
anorak (m.) parka
août August
apéritif (m.) before-dinner drink
appareil (m.) phone
appareil photo (m.) camera
appartement (m.) apartment
apartenir to belong

appel (m.) call
appeler to call
apporter to bring
apprendre to learn
après after
après-midi (m.) afternoon
arbre (m.) tree
architecture (f.) architecture
arène (f.) arena
argent (m.) **(liquide)** money (cash)
armoire (f.) closets, wardrobe
arrêt (m.) stop (bus)
arrêter to stop, to arrest; **s'arrêter** to stop
arrivée (f.) arrival
arriver to arrive, to occur
art (m.) **(classique, moderne)** art (classical, modern)
arts (m.) **martiaux** martial arts
ascenseur (m.) elevator
asperges (f.) asparagus
aspirine (f.) aspirin
assez (de) enough (of)
assiette (f.) plate, dish; **assiette de charcuterie** platter of cold cuts; **assiette de crudités** platter of raw vegetables
assistant(e) assistant
assister to attend
asseoir: s'asseoir to sit (down)
assurer to insure
attacher to attach, to fasten (a seat belt)
attendre to wait (for)
atterrir to land (plane)
atterrissage (m.) landing (at an airport)
attirer to attract

au (à + le) at the, to the, in the; **au bord de la mer** at the seashore; **au four** baked; **au milieu** in the middle; **au revoir** good-bye

auberge (f.) **de jeunesse** youth hostel

aucun(e) no one

augmentation (f.) increase

aujourd'hui today

aussi also, too

autant de as many (as)

autocar (m.) tour bus

automne (m.) autumn

automobiliste motorist

autour (de) around

autrefois formerly, in the past

autrement otherwise

avant before

avec with; **avec douche/ W.-C.** with shower/toilet; **avec salle de bains** with (private) bathroom

avenir (m.) future

aventure (f.) adventure

avenue (f.) avenue

avion (m.) plane

avocat(e) lawyer

avoir to have; **avoir... ans** to be ... years old; **avoir besoin (de)** to need (something); **avoir chaud** to be hot; **avoir des enfants** to have children; **avoir envie (de)** to want (to); **avoir faim** to be hungry; **avoir l'air** to look; **avoir l'habitude de** to be used to (something); **avoir lieu** to take place; **avoir mal à** to have pain in; **avoir soif** to be thirsty

avril April

B

bachot/bac (m.) baccalauréat

bagage (m.) **a main** carry-on bag

bagages (m.) luggage

bague (f.) ring

baguette (f.) loaf of French bread

baigner: se baigner to swim

baignoire (f.) bathtub

baiser (m.) kiss

balcon (m.) balcony

ballet (m.) ballet

banane (f.) banana

bande (f.) gang, group

bandes (f.) **dessinées** comics, comic book

banlieue (f.) suburbs

banquier (m.) banker

barbe (f.) beard

bas(se) low

basket-ball (m.) basketball

baskets (m.) high-top sneakers

bateau (m.) boat

beau (belle) beautiful

beaucoup (de) much, a lot of

beau-père (m.) father-in-law

belge Belgian

Belgique (f.) Belgium

belle-mère (f.) mother-in-law

bénévolement voluntarily

bête stupid

beurre (m.) butter

bibliothèque (f.) library

bidet (m.) bidet

bien well; **bien manger** to eat well; **bien sûr** of course

bière (f.) beer

bijou (m.) **fantaisie** costume jewelry

bijouterie (f.) jewelry store

bijoux (m.) jewelry

billet (m.) ticket

bistro (m.) small neighborhood restaurant

blanc(he) white

bleu(e) blue

blond(e) blond-haired

blouson (m.) jacket

bœuf (m.) beef

boire to drink

bois (m.) wood

boisson (f.) drink

boîte (f.) **aux lettres** mailbox

bol (m.) bowl

bon(ne) good

bonjour hello

bonsoir good evening

bord (m.) edge

botte (f.) bunch

bottes (f.) boots

bouche (f.) mouth

boucherie (f.) butcher shop

boucles (f.) **d'oreilles** earring

bouger to move

boulangerie (f.) bakery

boulevard (m.) boulevard

boulot (m.) (fam.) job, work

boum (f.) party

bouquin (m.) (fam.) book

bourré(e) stuffed (with food)

bourse (f.) grant, scholarship

bousculer to jostle

bouteille (f.) bottle

boutique (f.) boutique

bracelet (m.) bracelet

bras (m.) arms

brasserie (f.) cafe-restaurant

bref(-ève) brief, concise

bretelles (f.) suspenders

breton(ne) Breton

bricolage (m.) hardware

brocoli (m.) broccoli

broder to embroider

bronzer: se bronzer to sunbathe, to get a tan

brosse (f.) eraser, brush

brosser: se brosser to brush

bruit (m.) noise

brun(e) brown

buffet (m.) sideboard, china closet

bulle (f.) little bit of France

bureau (m.) office, desk; **bureau de change** currency exchange

C

cabaret (m.) cabaret

cabine (f.) **téléphonique** phone booth

cabinet (m.) **de toilette** toilet

cadeau (m.) gift

cadran (m.) dial

cadre (m.) mid-level manager, administrator

café (m.) coffee, café; **café décaféiné** decaffeinated coffee; **café-théâtre** (m.) small theater where one can eat or drink

cafétéria (f.) cafeteria

cahier (m.) notebook

caissier(-ière) cashier, check-out clerk, teller

calculatrice (f.) calculator

calme calm, composed

cambriolage (m.) burglary

cambrioler to burglarize
cambrioleur(-euse) burglar
caméscope *(m.)* video camera
campagne *(f.)* countryside
camping *(m.)* campground
Canada *(m.)* Canada
canadien(ne) *(m.)* Canadian
canard *(m.)* duck
cantine *(f.)* school cafeteria
car because
carafe *(f.)* carafe, pitcher
cardigan *(m.)* sweater
carnet *(m.)* pack (ten tickets for bus or subway); **carnet de timbres** book of stamps
carotte *(f.)* carrot
carrefour *(m.)* intersection
carrière *(f.)* career
carte *(f.)* card, playing card, map, (complete) menu; **carte bancaire** credit card; **carte de crédit** credit card; **carte d'embarquement** boarding pass; **carte des vins** wine list; **carte orange** monthly pass for subway or bus; **carte postale** post card; **carte routière** road map
casque *(m.)* helmet
casquette *(f.)* cap
cassette *(f.)* cassette
cathédrale *(f.)* cathedral
cave *(f.)* cellar (often a wine cellar)
ce (cet), cette this, that; **ce sont** they are
ceinture *(f.)* belt; **ceinture de sécurité** seat belt
cela that
célèbre famous
célibataire single
celui (celle) the one, that/this one
centre *(m.)* **commercial** shopping center, mall
centre *(m.)* city center, downtown
céréales *(f.)* cereal(s)
cerise *(f.)* cherry
cerveau *(m.)* brain
ces these, those
c'est he/she/it is
chagrin *(m.)* distress

chaîne *(f.)* channel, network, chain; **châine-stéréo** stereo system
chaise *(f.)* chair
chaleur *(f.)* heat
chaleureux(-euse) warm, cordial
chambre *(f.)* room; **chambre à coucher** bedroom
champ *(m.)* field
champignons *(m.)* mushrooms
changer to change; **changer de l'argent** to exchange money
chanson *(f.)* song
chanteur(-euse) singer
chapeau *(m.)* hat
chapitre *(m.)* chapter
charcuterie *(f.)* delicatessen (foods), cold cuts, butcher shop
charrier du tonnerre to carry the thunder
chassé(e) expelled
chat *(m.)* cat
châtain light brown
château *(m.)* castle
chauffeur *(m.)* driver
chaussettes *(f.)* socks
chaussure *(f.)* shoe
chef *(m.)* boss, head
chef-d'œuvre *(m.)* masterpiece
cheminée *(f.)* fireplace
chemise *(f.)* shirt
chemisier *(m.)* blouse
chèque *(m.)* check
cher (chère) expensive
chercher to look for
cheval *(m.)* horse
cheveux *(m.)* hair
cheville *(f.)* ankle
chèvre *(f.)* goat
chez at/to, at someone's place
chien *(m.)* dog
chiffre *(m.)* number
Chine *(f.)* China
chinois(e) Chinese
chocolat *(m.)* chocolat, hot chocolate
choisir to choose
choix *(m.)* choice
chose *(f.)* thing
choux-fleurs *(m.)* cauliflower
ciao so long
ciel *(m.)* sky

ciment *(m.)* cement
cinéma *(m.)* movies
cinq five
cinquante fifty
circoncision *(f.)* circumcision
circulation *(f.)* traffic
cité universitaire student residence halls
citron *(m.)* lemon
clair(e) light-colored
classe *(f.)* class
client(e) customer
clientèle *(f.)* clientele, customers
climat *(m.)* climate
climatisé(e) air conditioned
clip *(m.)* short TV segment, a music video
cloche *(f.)* bell
Coca(-Cola) *(m.)* Coca-Cola
code *(m.)* **postal** zip code
cœur *(m.)* heart
coiffeur *(m.)* barber
coiffeuse *(f.)* hairdresser
coin *(m.)* corner
colis *(m.)* parcel
collants *(m.)* tights, panty-hose
collection *(f.)* museum collection
collège *(m.)* high school, middle school
collier *(m.)* necklace
colline *(f.)* hill
combien how much
combiné *(m.)* receiver
comédie *(f.)* comedy; **comédie musicale** musical comedy
commande *(f.)* order
commander to order
comme like, as; **comme ci, comme ça** so-so
commencer to begin
comment how
commerçant(e) merchant, store owner
commerce *(m.)* trade
commissariat *(m.)* police station (central)
commode *(f.)* chest of drawers
compact disc *(m.)* compact disk
compagnie *(f.)* company
comparer to compare
complet(-ète) complete, sold out

composer to dial; **composer un numéro** to dial a number
comprendre to understand
compris(e) included in the price of the meal
comptable *(m.)* accountant
compe *(m.)* bank account
concert *(m.)* concert
conduire to drive; **permis** *(m.)* **de conduire** driver's license
confortable comfortable
congé *(m.)* leave, vacation
connaissance *(f.)* knowledge
connaître to know, to be familiar with
conseiller to advise
consommateur(-trice) consumer
consommation *(f.)* drink
constat *(m.)* crime report
construit(e) built
consultation *(f.)* visit
consulter to consult
content(e) content
contre against; **par contre** on the contrary
Contrescarpe *(f.)* famous street in the 5th district of Paris
contrôle *(m.)* **des passeports** passport control
convenable ,appropriate
copain *(m.)* friend, pal
copine *(f.)* friend, pal
coquilles *(f.)* **Saint-Jacques** scallops
corbeille *(f.)* waste basket
corps *(m.)* body
correspondance *(f.)* transfer, connection, connecting flight
costume *(m.)* suit
côte *(f.)* seacoast
côté *(m.)* side; **à côté (de)** near, next to
cou *(m.)* neck
coucher: se coucher to go to bed
coude *(m.)* elbow
couleurs *(f.)* colors
coup *(m.)* **de fil** phone call; **coup de fouet** cut of whip
courir to run
courrier *(m.)* mail
cours *(m.)* course

courses *(f.)* errands, shopping
court(e) short
cousin(e) cousin
coût *(m.)* **de la vie** cost of living
couteau *(m.)* knife
couter to cost
couvert place setting
couverture *(f.)* blanket
couvrir to cover
crabe *(m.)* crab
craie *(f.)* chalk
crainte *(f.)* *fear*
cravate *(f.)* tie
crayon *(m.)* pencil
crème *(f.)* cream; **crème caramel** caramel custard, flan
crèmerie-fromagerie *(f.)* dairy shop
crêpe *(f.)* crepe, pancake
crevé(e) exhausted
crevette *(f.)* shrimp
crier to shout
crime *(m.)* crime
criminel *(m.)* criminal
croire to believe, to think
croissant *(m.)* croissant
croyant(e) believer
crudités *(f.)* raw vegetables, served as an appetizer
cuillère *(f.)* spoon
cuisine *(f.)* kitchen
cuisiner to cook
cuisinière *(f.)* kitchen stove, range
curieux(-euse) curious
curiosité *(f.)* tourist attraction
curriculum *(m.)* **vitae** résumé

D

d'abord first (of all)
dames *(f.)* checkers
dans in
danser to dance
danseur(-euse) dancer
dater (de) to date from
de of, from; **de l'après-midi** *(m.)* P.M.; **de rien, je vous en prie** You're welcome. It's nothing.
débarquement *(m.)* landing site (D-Day beaches)
débarrasser to clear (the table)

débarquer to disembark, to leave (a plane)
décalages *(m.)* staggering
décembre December
décennie *(f.)* decade
déchirure *(f.)* tear
décider to decide
déclaration *(f.)* statement, report
déclarer to declare (at customs)
décollage *(m.)* take-off
décoller to take off (plane)
décrire to describe
dedans inside
dehors outside
déjà already
déjeuner *(m.)* lunch
déjeuner to have lunch
délaisser to abandon
demain tomorrow
demander to ask (for), to request, to demand; **demander son chemin** to ask for directions
demi(e) half
démissionner to resign
dent *(f.)* tooth
dentiste *(m.)* dentist
départ *(f.)* departure
département *(m.)* administrative unit of France
dépasser to overtake, pass by
dépêcher: se dépêcher to hurry
dépenser to spend (money)
depuis since
dernier(ère) last
derrière in back of
désagréable disagreeable
descendre to go, come down, to get out of (a vehicle)
désobéir to disobey
dessert *(m.)* dessert
dessin *(m.)* **animé** cartoon
destination *(f.)* destination
dessus above
détester to dislike, to hate
deux two
deuxième second
devant in front of
devenir to become
deviner to guess
devise *(f.)* currency

devoir *(m.)* assignment, homework

devoir ought, should must; to owe

dialecte *(m.)* dialect

diarrhée *(f.)* diarrhea

dictionnaire *(m.)* dictionary

Dieu *(m.)* God

difficile difficult

digestif *(m.)* liqueur, after dinner drink

dimanche Sunday

dinde *(f.)* turkey

dîner *(m.)* dinner

dîner to have dinner

diplôme *(m.)* diploma, degree

dire to say

directeur(-trice) director or head of a company

direction *(f.)* direction (indicates a subway line in Paris)

discuter to talk, discuss

disputer: se disputer (avec) to fight, to quarrel

disque *(m.)* phonograph record

distributeur *(m.)* **automatique** stamp machine; **distributeur de billets** automatic teller machine

divers miscellaneous

divorcer to divorce, get divorced

dix ten

dix-huit eighteen

dix-neuf nineteen

dix-sept seventeen

documentaire *(m.)* documentary

doigt *(m.)* finger; **doigt de pied** toe

donner to give; **donner un coup de fil** *(pop.)* to make a phone call

dormir to sleep

dos *(m.)* back

douane *(f.)* customs

douanier(-ière) customs officer, border guard

douche *(f.)* shower

doux (douce) soft, mild **douzaine** *(f.)* dozen

douze twelve

drame *(m.)* drama

droit(e) straight

drôle funny

du (de + le) of the, from the; **du matin** A.m.; **du soir** P.M.

dur(e) hard

dynamique dynamic

E

eau *(f.)* **(minérale)** (mineral) water

échapper to escape

échecs *(m.)* chess

échouer to fail

éclair *(m.)* eclair

éclairage *(m.)* **électrique** the lights

école *(f.)* school

économique economical

écouter to listen (to)

écran *(m.)* screen

écrire to write

écrivain *(m.)* writer

effacer to erase

effrayant(e) frightening

église *(f.)* church

électricien(ne) electrician

électroménager appliances

élégant(e) elegant

éléments *(m.)* **de cuisine** kitchen cabinets

embarquer to board (a plane)

embouteillage *(m.)* traffic jam

embrasser to kiss

émission *(f.)* program, show

emploi *(m.)* job, employment

en in, at, to; **en cuir** leather; **en direction (de)** headed for; **en espèces** in cash; **en face (de)** opposite; **en liquide** in cash; **en plein air** open-air; **en réclame** on sale; **en recommandé** registered; **en solde** on sale; **en sus** to be added to the bill

enceinte pregnant**enchanté(e)** pleased to meet you

encore again

endroit *(m.)* place, spot

énergique energetic

énerver (quelqu'un) to annoy someone

enfance *(f.)* childhood

enfant(e) child

enfermer to lock up

enfiler *(pop.)* to slip on clothes

enfin finally

engager to hire

ennuyer: s'ennuyer to be bored

ennuyeux(-euse) boring

enquête *(f.)* investigative journalism

enregistrer to register, check (luggage)

enseignement *(m.)* teaching

enseigner to teach

ensemble together

ensuite then

entendre to hear, to understand

entre between, among

entrée *(f.)* dish served before the main course

entretien *(m.)* interview, discussion

entreprise *(f.)* business, company

envoyer to send

épais(se) thick

épaule *(f.)* shoulder

épicerie *(f.)* general grocery store

épinards *(m.)* spinach

éplucher to peel

épouvante *(f.)* horror

éprouver to feel, experience

escalier *(m.)* stairway

espadrilles *(f.)* espadrilles, canvas shoes

Espagne *(f.)* Spain

espagnol(e) Spanish

espérer to hope

espionnage *(m.)* spying

essayer to try on

essence *(f.)* gas

est-ce que makes a statement into a yes/no question

établir to establish

étage *(m.)* floor, story

étagère *(f.)* set of shelves

état *(m.)* state; **état civil** marital status; **États-Unis** United States

été *(m.)* summer

étranger(-ère) stranger

être to be; **être en train de** to be in the midst of; **être prêt(e)** to be ready

études *(f.)* studies

étudiant(e) student

étudier to study

événement (m.) event
éviter to avoid
évier (m.) kitchen sink
examen (m.) exam
excursion (f.) excursion, short trip
exposition (f.) exhibition

F

fac (f.) (pop.) school or college within a university
fâché(e) angry
facile easy
facture (f.) bill, invoice
faculté (f.) school or college within a university
faire to do, to make; **faire beau** to be beautiful (weather); **faire bon** to be nice (weather); **faire chaud** to be hot; **faire de l'alpinisme** to go mountain climbing; **faire de la planche à voile** to go wind surfing; **faire de la pêche** to go fishing; **faire du cheval** to go horseback riding; **faire du camping** to go camping; **faire du patinage** to go ice-skating; **faire du shopping** to go shopping; **faire du ski** to go skiing; **faire du ski de fond** to go cross-country skiing; **faire du ski nautique** to go waterskiing; **faire du soleil** to be sunny; **faire du vélo** to go cycling; **faire du vent** to be windy; **faire frais** to be cool; **faire froid** to be cold; **faire la queue** to wait in line; **faire le lit** to make the bed; **faire le marché** to go marketing, food shopping; **faire le ménage** to do housework; **faire mauvais** to be bad
falaise (f.) cliff
fameux(-euse) famous
famille (f.) family
farci(e) stuffed
fast-food (m.) fast food restaurant
fatigue (f.) fatigue
fauteuil (m.) armchair

féculents (m.) starchy food
femme (f.) woman, wife; **femme (d'affaires)** businesswoman
fenêtre (f.) window
fer (m.) iron
ferme (f.) farm
fêter to celebrate
feu (m.) **rouge, vert** red, green light
feuille (f.) leaf
feuilleton (m.) serial, soap opera
février February
fiancer: se fiancer to get engaged
fièvre (f.) fever
filet (m.) filet (of beef, etc.)
filiale (f.) subsidiary
fille (f.) girl, daughter
film (m.) movie; **film d'amour** love story; **film en version française, doublée** film dubbed in French
fils (m.) son
finir to finish
firme (f.) firm, company
fleur (f.) flower
fleuve (m.) river
foie (m.) liver
foncé(e) dark (color)
fonctionner to function, work
football (m.) soccer
forêt (f.) forest
fou (folle) crazy
foulard (m.) scarf
four (m.) oven; **four à micro-ondes** microwave oven
fourchette (f.) fork
fournir to furnish
frais (fraîche) fresh
fraise (f.) strawberry
français(e) French
France (f.) France
frère (m.) brother
frit(e) fried
froid(e) cold
fromage (m.) cheese
fruits (m.) fruits; **fruits de mer** seafood
fumée (f.) smoke

G

gagner to earn

gants (m.) gloves
garage (m.) garage
garçon (m.) boy, waiter
gare (f.) train station
gâteau (m.) cake
gauche (f.) left
gendarme (m.) police officer (national)
genou (m.) knee
gens (m.) people
géographie (f.) **physique** physical features of a region
glace (f.) ice cream
gomme (f.) eraser (pencil)
gorge (f.) throat
graisses (f.) fat
gramme (m.) gram
grand(e) great, tall; **grand magasin** department store; **grande surface** (f.) large discount department store
grand-mère (f.) grandmother
grands-parents (m.) grandparents
grand-père (m.) grandfather
grève (f.) strike
grillé(e) grilled, broiled
grippe (f.) flu
gris(e) grey
gros(se) heavy-set, stout
groupe (m.) (business, commercial, industrial) group
guerre (f.) war
guichet (m.) window in a bank or post office
guide (m.) guide

H

habiller: s'habiller to get dressed
habitant(e) inhabitant
habiter to live (reside)
habitude (f.) habit
hâché(e) chopped
haricots (m.) **verts** green beans
heure (f.) hour, time
heureux(-euse) happy
hexagone (m.) France (its approximate geometrical shape)
hier yesterday
hirondelle (f.) swallow
histoire (f.) history
historique historical
hiver (m.) winter

homard *(m.)* lobster
homme *(m.)* man; **homme (d'affaires)** businessman
horaire *(m.)* schedule
horreur *(f.)* horror
hors-d'œuvre *(m.)* appetizer (usually cold)
hôtel *(m.)* hotel
hôtesse *(f.)* **de l'air** flight attendant, stewardess
huile *(f.)* oil
huit huit
huîtres *(f.)* oysters
humeur *(f.)* mood
hypermarché *(m.)* superstore

I

ici here
île *(f.)* island
il y a there is/are
immeuble *(m.)* apartment building
impatient(e) impatient
imperméable *(m.)* raincoat
inclus(e) included
inconvénient *(m.)* disadvantage, drawback
indicatif *(m.)* **régional** area code
indigestion *(f.)* indigestion
indiquer to indicate
indispensable indispensable
induire to induce
industriel(le) *(m.)* manufacturer, industrialist
infirmier(-ière) nurse
informaticien(ne) systems analyst
information *(f.)* news
ingénieur *(m.)* engineer
installer: s'installer to sit down
instituteur(-trice) teacher (primary school)
intelligent(e) intelligent
interdit(e) forbidden
intérêt *(m.)* interest
intéressant(e) interesting
interprète interpreter
interview *(f.)* interview
interviewer to interview
introduire to introduce
inventer to invent
Italie *(f.)* Italy

italien(ne) Italian

J

jamais never
jambe *(f.)* leg
jambon *(m.)* ham
janvier January
Japon *(m.)* Japan
japonais(e) Japanese
jardin *(m.)* garden, back yard
jaune yellow
jean *(m.)* jeans
jeu *(m.)* game; **jeu télévisé** game show
jeudi Thursday
jeune young
jogging *(m.)* jogging
joli(e) pretty
jouer (à / de) to play (a sport, game / a musical instrument)
jouets *(m.)* toys
jour *(m.)* day
journal *(m.)* newspaper
journaliste *(m., f.)* journalist, reporter
journée *(f.)* day
juillet July
juin June
jupe *(f.)* skirt
jusqu'à until
juste là right there

K

kilo *(m.)* kilogram

L

là here, there
lac *(m.)* lake
lait *(m.)* milk
laitue *(f.)* lettuce, head of lettuce
lampe *(f.)* lamp
langue *(f.)* language
larme *(f.)* tear
lavabo *(m.)* bathroom sink
laver to wash; **se laver** to wash oneself
lave-vaisselle *(m.)* automatic dishwasher
leçon *(f.)* lesson
lecture *(f.)* reading

léger(ère) light
légumes *(m.)* vegetables
lendemain *(m.)* the following day
lent(e) slow
lequel which one
lettre *(f.)* letter
lever: se lever to get up
levure *(f.)* yeast
liberté *(f.)* freedom
librairie-papeterie *(f.)* book and stationery store
libre free
libre-service *(m.)* self-service store
ligne *(f.)* subway or bus line; **ligne occupée** busy telephone line
lingerie *(f.)* lingerie
lire to read
lit *(m.)* bed
litre *(m.)* liter
livraison *(f.)* **des bagages** baggage claim
livre *(m.)* book
livre *(f.)* pound (half-kilo)
locataire *(m., f.)* tenant
logement *(m.)* housing
loin (de) far (from)
loisir *(m.)* leisure activity
long(ue) long
look *(m.)* style, look
louer to rent
loup *(m.)* wolf
lumière *(f.)* light
lundi Monday
lunettes *(f.)* glasses; **lunettes de soleil** sunglasses
lycée *(m.)* high school

M

machine *(f.)* **à écrire** typewriter
madame *(f.)* Mrs.
mademoiselle *(f.)* Miss
magasin *(m.)* store; **magasin spécialisé** specialty store; **magasin populaire** discount, variety store
magnétoscope *(m.)* VCR
mai May
maigrir to lose wight
maillot *(m.)* **de bain** bathing suit
main *(f.)* hand
maintenant now

mais but
maïs *(m.)* corn
maison *(f.)* house; **Maison des jeunes** youth center
maître *(m.)* **d'hôtel** maitre d', host
mal bad, not to good; **mal** *(m.)* **de gorge** sore throat; **mal de tête** headache
malade patient
malgré in spite of
malle *(f.)* trunk
manger to eat
manteau *(m.)* overcoat
maquillé(e) made up
maquiller: se maquiller to apply makeup
marraine *(f.)* godmother
marché *(m.)* a market
mardi Tuesday
mari *(m.)* husband
marié(e) married
marier: se marier to marry
maroquinerie leather goods
marquer to mark, leave an impression
marron brown
mars March
match *(m.)* sports event, game, match
matière *(f.)* subject (school)
matin *(m.)* morning
mauvais(e) bad
mayonnaise *(f.)* mayonnaise
méchant(e) bad
médecin *(m.)* doctor
méfier: se méfier (de) to distrust (someone, something)
meilleur(e) (que) better (than)
mélanger to mix
melon *(m.)* melon
même same
mémé *(f.) (fam.)* granny, grandma
mémoire *(f.)* memory
mener to lead
menu *(m.)* listing of complete meal
mer *(f.)* sea
merci (beaucoup) thank you (very much)
mercredi Wednesday
mère *(f.)* mother

méridional southern, from the south of France
métier *(m.)* trade, occupation
métro *(m.)* subway system
metteur *(m.)* **en scène** film or theater director
mettre to put, place; to put on *(clothing)*; to turn on; to set *(the table)*
meuble *(m.)* furniture
meurtre *(m.)* murder
meurtrier *(m.)* murderer
mexicain(e) Mexican
Mexique *(m.)* Mexico
midi *(m.)* noon
Midi *(m.)* south of France
mieux better
mince thin
minuit *(m.)* midnight
miroir *(m.)* mirror
mobylette *(f.)* moped
mocassins *(m.)* loafers
moche lousy
moins less
mois *(m.)* month
momentané(e) temporary
monde *(m.)* world
monnaie *(f.)* change
monsieur *(m.)* Mr.
montagne *(f.)* mountain
montant *(m.)* sum, total purchase
monter to go up, to climb, to get on or in *(a vehicle)*; **monter à bord** to board; **monter en téléférique** to take a cable car
montrer to show
mort *(f.)* death
mort(e) dead
mouchoir *(m.)* handkerchief
moules *(f.)* mussels
mourir to die
mousse *(f.)* mousse
moustache *(f.)* mustache
moutarde *(f.)* mustard
moyens *(m.)* means
mur *(m.)* wall
mûr(e) ripe
musculation: faire de la musculation to fill weights
musée *(m.)* museum
musicien(ne) musician
musique *(f.)* music; **musique classique** classical musical

N

nager to swim
naître to be born
nappe *(f.)* tablecloth
natal(e) native
nationalité *(f.)* nationality
nausées *(f.)* nausea
ne: ne... jamais never; **ne... pas encore** not yet; **ne... plus** no more, no longer
nécessaire necessary
neige *(f.)* snow
neiger to snow
nettoyer to clean
neuf neuf
neuf (neuve) new
neveu *(m.)* nephew
nez *(m.)* nose
nièce *(f.)* niece
niveau *(m.)* level
noir(e) black
noisette hazel
nom *(m.)* name
non no; **non compris** not included in the bill
normand(e) Norman
note *(f.)* (class) notes; grades
nouveau(-elle) new
Novembre November
nuage *(m.)* cloud
numéro *(m.)* **de téléphone** telephone number

O

obéir to obey
objet *(m.)* thing
obtenir to get, obtain
occuper: s'occuper (de) to attend (to)
octobre October
œil *(m.)* eye
œuf *(m.)* egg
offre *(f.)* **d'emploi** job offer
oignons *(m.)* onions
olivier *(m.)* olive tree
oncle *(m.)* uncle
onze eleven
opéra *(m.)* opera
optimiste optimistic
orage *(m.)* thunderstorm
orange *(f.)* orange

ordinateur (m.) computer
ordonnance (f.) prescription
oreille (f.) ear
oreiller (m.) pillow
ou or
où where
oublier to forget
oui yes
outil (m.) tool
ouvrier(-ière) manual laborer
ouvrir to open

P

pain (m.) bread; **pain de froment** wheat bread
paix (f.) peace
palais (m.) palace
pamplemousse (m.) grapefuit
pantalon (m.) trousers, slacks
paquet (m.) pack, package
par by; **par avion** air mail; **par carte de crédit** by credit card; **par chèque** by check
parapluie (m.) umbrella
parce que because
parcourir to travel all over
pardon excuse me
parents (m.) parents, relatives
paresseux(-euse) lazy
parfum (m.) perfume
parfumerie (f.) perfume store
parking (m.) parking lot, garage
parler (de) to speak, to talk (about)
partir to leave
partout everywhere
pas mal not bad
passage (m.) **clouté** pedestrian crossing
passager(-ère) passenger
passé (m.) past
passeport (m.) passport
passer to pass (something); to spend time; **passer à la caisse** to go to the checkout, to pay the cashier
passionné(e) excited
pastille (f.) lozenge
pâte (f.) dough
pâté (m.) pate
pâtes (f.) pasta
patient(e) patient

patins (m.) ice skates
pâtisserie (f.) pastry shop
pâtissier(-ière) pastry chef
patois (m.) dialect
pauvre poor
pavillon (m.) villa
payer to pay (for)
pays (m.) country
paysage (m.) countryside
PDG (m.) chief executive officer
peau (f.) skin, peel
pêche (f.) peach
peinture (f.) painting
peler to peel
pendant (que) while (doing something)
pénible annoying, boring
penser to think
pépé (m.) (fam.) grampa
perdre to lose
père (m.) father
persil (m.) parsley
personnes (f.) persons
perturbateur(-trice) trouble-maker
peser to weigh
pessimiste pessimistic
petit(e) short, little; **petit déjeuner** (m.) breakfast; **petit gâteau** (m.) cookie; **petit pain** (m.) roll; **petite annonce** (f.) classified ad; **petits pois** (m.) peas
petite-fille (f.) granddaughter
petit-fils (m.) grandson
peu (de) little of
peur (f.) fear
peut-être perhaps, maybe
pharmacien(ne) pharmacist
photo (f.) photograph, photography
pièce (f.) coin, play; **pièce** (f.) **d'identité** ID
pied (m.) foot
piège (m.) trap
piéton (m.) pedestrian
pilule (f.) pill
ping-pong (m.) table tennis
piquer (fam.) to steal
pittoresque picturesque
placard (m.) (kitchen) closet, pantry
place (f.) square, plaza

plafond (m.) ceiling
plage (f.) beach
plaisir (m.) pleasure
plan (m.) map
plat (m.) serving, course of the meal; **plat chaud** hot dish; **plat principal** main course
plateau (m.) **de fromages** cheese tray
plein (de) lots (of)
pleurer to cry
pleuvoir to rain
plombier (m.) plumber
plonger to dive
pluie (f.) rain
plus: ne... plus no longer, not any more; **plus tard** later
plusieurs several
poignet (m.) wrist
poire (f.) pear
poireau (m.) leek
poisson (m.) fish
poissonnerie (f.) fish store
poitrine (f.) chest
poivre (m.) pepper
poivron (m.) green pepper
polir to polish
politicien(ne) politician
pollution (f.) pollution
pomme (f.) apple; **pomme de terre** potato; **pomme de terre frite** French-fried potato
pont (m.) bridge
porc (m.) pork
port (m.) port
portail (m.) gate
porte (f.) door, boarding gate
portefeuille (m.) wallet
porter to wear
poser (une question) to ask (a question)
poste (m.) position; **poste de police** police station
postier(-ière) postal clerk
pot-au-feu (m.) stewing beef
potage (m.) soup
poulet (m.) chicken
pour for
pourboire (m.) tip
pourquoi why
pouvoir to be able
préféré(e) preferred, favorite
préférer to prefer

premier(-ière) first

prendre to take, to have something to eat or drink; **prendre des notes** to take notes; **prendre rendez-vous** to make an appointment

préparer to prepare (for), to study (for); **préparer une ordonnance** to fill a prescription

près (de) near

présenter to present, to introduce (someone to another person); **se présenter** to introduce oneself, to introduce each other

prévoir to anticipate, to foresee

printemps (m.) spring

prix (m.) price

produit (m.) product; **produits de beauté** cosmetics

prof (m., f.) professor, teacher

professeur (m.) professor, teacher

profession (f.) profession

programme (m.) **de télévision** television program guide

programmeur(-euse) (computer) programmer

projecteur (m.) projector

promenade (f.) walk; **faire des promenades en bateau, en voiture** to go on excursions by boat or car

promener: se promener to take a walk

proposer to propose, to recommend

propre clean

prouesse (f.) prowess

provençal(e) from Provence

province (f.) former administrative district of France

provisions (f.) provisions, food for meals

prune (f.) plum

pruneau (m.) prune

publicité (f.) commercial

puis then, also

pull (m.) pullover

punir to punish

punition (f.) punishment

Q

quand when

quarante forty

quartier (m.) neighborhood

quatorze fourteen

quatre four

quatre-vingt eighty

quatre-vingt-dix ninety

quatre-vingt-dix-neuf ninety-nine

quatre-vingt-onze ninety-one

quatre-vingt-un eighty-one

que that, which

quel(le) what, which

quelque chose something

queue (f.) line of people

qui who, whom

quinze fifteen

quoi what

quitter to leave

quotidien(ne) daily

R

racine (f.) root

raconter to tell (about)

radio (f.) radio

radis (m.) radish

randonnée (f.) hike

rapide fast, rapid

raser: se raser to shave

rater to fail

rayon (m.) department (in a store)

réagir to react

réalisateur(-trice) director or producer

réaliser to carry out, to make or complete (e.g., un film)

réception (f.) reception, registration desk

recette (f.) recipe

recevoir to receive

récompense (f.) reward

récupérer to retrieve (luggage)

réfectoire (m.) dining hall

réfléchir to think

réfrigérateur (m.) refrigerator

regard (m.) look

regarder to look (at)

région (f.) region, one of 22 administrative zones in France

rejoindre to meet

remarier: se remarier to remarry

remarquer to notice

remède (m.) remedy

remplir to fill

rencontrer to meet

rendez-vous (m.) appointment

rendre to give back; **rendre la monnaie** to give change to someone; **rendre visite (à)** to visit (someone); **se rendre à** to go to

renseigner: se renseigner to get information

repas (m.) meal

répondeur (m.) answering machine

répondre (à) to answer

reposer: se reposer to rest, to relax

RER (m.) Reseau Express Regional, an express subway/train system

réservation (f.) (room) reservation

réserver to reserve (a table)

résidence (f.) **universitaire** student residence, dormitory

respecter to respect

responsable responsible, accountable

restaurant (m.) restaurant; **restaurant universitaire** university restaurant

rester to remain, to stay

retenir to reserve

réticence (f.) hesitation

retraite (f.) retirement

retrouver to meet

réussir to succeed; to pass (an exam)

rêve (m.) dream

réveille-matin (m.) alarm clock

réveiller: se réveiller to wake up

revenir to return, to come back

rêver to dream

rez-de-chaussée (m.) ground (street) floor

rhume (m.) cold

riche rich

rideau (m.) curtain

rien: ne... rien nothing, not anything

rire to laugh
rivière *(f.)* small river
riz *(m.)* rice
robe *(f.)* dress
rocher *(m.)* rock
romain(e) Roman
ronde *(f.)* round
rose pink
roseau *(m.)* reed
rôti *(m.)* roast
rôti(e) roasted
roue *(f.)* wheel
rouge red
rouler to ride around, to cruise
route *(f.)* road
roux (rousse) red
rue *(f.)* street
ruine *(f.)* **romaine** Roman ruin
russe Russian
Russie *(f.)* Russia

S

sac *(m.)* bag; **sac à dos** back pack; **sac à main** *(m.)* handbag
salade *(f.)* salad, head of lettuce
salaire *(m.)* salary
salle *(f.)* room; **salle à manger** dining room; **salle d'attente** waiting room; **salle de séjour** living room; **salle de bains** bathroom
salon *(m.)* living room
saluer to greet
salut so long, hi
samedi Saturday
sang *(m.)* blood
sandales *(f.)* sandals
sandwich *(m.)* sandwich
sans-abri *(m.)* homeless person
santé *(f.)* health
sardines *(f.)* sardines
saucisse *(f.)* sausage
saucisson *(m.)* large sausage
sauf except
saumon *(m.)* salmon
sauté(e) sautéed
sauter les vagues to jump the waves
sauvegarder to safeguard
savoir to know
science-fiction *(f.)* science fiction
scientifique scientist

scooter *(m.)* (motor) scooter
sculpture *(f.)* sculpture
sec (sèche) dry
sécher to cut (a class)
secrétaire *(m., f.)* secretary
seize sixteen
séjour *(m.)* stay
sel *(m.)* salt
self-service *(m.)* cafeteria
sembler to seem
semaine *(f.)* week
semoule *(f.)* semolina
Sénégal *(m.)* Senegal
sénégalais(e) Senegalese
sentir: se sentir to feel
sept seven
septembre September
sérieux(-euse) serious
serment *(m.)* oath
sertie dans un étau set in a vise
serveur *(m.)* waiter
serveuse *(f.)* waitress
service *(m.)* service charge
serviette *(f.)* napkin
servir: se servir to serve oneself
seul(e) alone
seulement only
short *(m.)* shorts
si if; **s'il te plaît** *(fam.)* please; **s'il vous plaît** please
siège *(m.)* seat
sincère sincere
sirop *(m.)* syrup
six six
skis *(m.)* skis
slip *(m.)* underpants; **slip de bain** bathing trunks
sociable sociable
société *(f.)* company
sœur *(f.)* sister
sofa *(m.)* sofa
soigner to treat
soir *(m.)* evening
soixante sixty
soixante-dix seventy
soixante-dix-neuf seventy-nine
soixante-douze seventy-two
soixante et onze seventy-one
soldes *(m.)* sale
sole *(f.)* sole
soleil *(m.)* sun
solide solid, well-built
sommeil *(m.)* sleep
somnolence *(f.)* sleepiness

son *(m.)* bran
sonner to ring
sonnerie *(f.)* ringing (of bells)
sortie *(f.)* outing
sortir to leave, to go out
soucoupe *(f.)* saucer
souffler to breathe
soupe *(f.)* soup
sourd(e) deaf
sourire to smile
sous under
sous-vêtement *(m.)* underwear
soutenir to support
souvent often
spécialité *(f.)* specialty, featured dish of a particular restaurant
spectacle *(m.)* show, performance; **spectacle de variétés** variety show
spectaculaire spectacular
sport *(m.)* sports
spot *(m.)* **publicitaire** commercial
star *(f.)* movie star
station *(f.)* station
stationnement *(m.)* parking
steak *(m.)* steak; **steak haché** chopped or ground steak
steward *(m.)* flight attendant
stress *(m.)* stress
studio *(m.)* studio apartment
stupide stupid
style *(m.)* style
stylo *(m.)* pen
sucre *(m.)* sugar
suisse Swiss
Suisse *(f.)* Switzerland
suivant(e) following
suivre to follow, to take (a course)
super great, terrific
superette *(f.)* convenience store
supermarché *(m.)* supermarket
sur on
sûr(e) sure
surgelés *(m.)* frozen food
surpris(e) surprised
surtout especially
sympathique nice, likable

T

table *(f.)* table; **table de nuit** night table; **table de travail** work table, desk; **table ronde** talk show

tableau (m.) painting; **tableau noir** blackboard, chalkboard
tabouret (m.) stool
taille (f.) size
tamponner to stamp
tante (f.) aunt
tapis (m.) rug, carpet
tapisserie (f.) tapestry
tard late
tarte (f.) tart, pie
tasse (f.) cup
taux (m.) **de change** exchange rate
taxi (m.) taxi
téléphone (m.) telephone
téléphoner (à) to phone
télévisé(e) televised
télévision (f.) television set
témoin (m.) witness
température (f.) temperature
temps (m.) weather, time, tense
tendresse (f.) tenderness
tennis (m.) low-cut sneakers
tenue (f.) dress (outfit, appearance)
terminus (m.) terminal
tête (f.) head
thé (m.) tea
thon (m.) tuna
tiers monde (m.) third world
timbre (m.) stamp
timbrer to place a stamp (on)
timide timid, shy
tiroir (m.) drawer
toit (m.) roof
tomate (f.) tomato
tomber to fall; **tomber malade** to get sick
toucher to touch
toujours always
tournage (m.) shooting (of a film)
tourner to turn
tout everything, all; **pas du tout** not at all
tout droit straight ahead
toux (f.) cough
tradition (f.) tradition
train (m.) train
tranche (f.) slice
transistor (m.) transistor radio
transport (m.) transportation
travail (m.) work
travailler to work
travailleur (m.) worker

traveller's chèque (m.) traveler's check
traverser to cross (a street)
treize thirteen
trembler to tremble, to shiver
trente thirty
très very; **très bien** very well; **très mal** very bad
triste sad
trois three
troisième third
trôner to sit enthroned
trop (de) too much (of)
trottoir (m.) sidewalk
trouver: se trouver to be located
truite (f.) trout
tuer to kill
tuyau (m.) pipe; **tuyau d'échappement** exhaust pipe

U

un(e) one
universitaire university life
usager(-ère) user
usine (f.) factory
utiliser to use

V

vacances (f.) vacation
vaisselle: faire la vaisselle to wash the dishes
valeur (f.) *value*
valise (f.) suitcase
vallée (f.) valley
varier to vary
veau (m.) veal
vedette (f.) a movie star
vélo (m.) bicycle
vendeur(-euse) salesperson
vendre to sell
vendredi Friday
venir to come
vent (m.) wind
ventre (m.) abdomen
verre (m.) glass
vert(e) green
veste (f.) jacket
vêtement (m.) clothing
vétérinaire (m.) veterinarian
veuf (veuve) widower (widow)
viande (f.) meat
victime (f.) victim

vidéocassette (f.) videocassette
vie (f.) life
Vietnam (m.) Vietnam
vietnamien(ne) Vietnamese
vieux (vieil, vieille) old
vif (vive) intense, bright
vigne (f.) grape vine
vignoble (m.) vineyard
village (m.) village, small town;
ville (f.) city
vin (m.) wine
vinaigre (m.) vinegar
vingt twenty
vingtaine (f.) around twenty
vingt-deux twenty-two
vingt et un twenty-one
violent(e) violent
violet(te) purple
visage (m.) face
visite (f.) visit
visiter to visit
vite fast, quickly
vitesse (f.) speed
voici here is/are
voilà here is/are, there is/are
voir to see
voire in fact, and even
voisin(e) neighbor
voiture (f.) automobile
voix (f.) voice
vol (m.) robbery
volaille (f.) poultry
voler to steal
voleur(-euse) thief
vouloir to want, to wish
voyage (m.) trip; **voyage de noces** wedding trip, honeymoon
voyager to travel

W

walkman (m.) walkman
week-end (m.) weekend
western (m.) western

Y

yeux (m.) eyes
yaourt (m.) yogurt

Z

zéro zero

A

a, an un, une
abbey abbaye *(f.)*
abdomen ventre *(m.)*
accident accident *(m.)*
accountant comptable *(m.)*
actor acteur
actress actrice
address adresse *(f.)*
admire admirer
adult adulte *(m., f.)*
adventure aventure *(f.)*
advertisements annonces *(f.)*
after après
afternoon après-midi *(m.)*
again encore
age âge *(m.)*
agree être d'accord
agreement accord *(m.)*
air conditioned à air condition-né, climatisé(e)
air letter aérogramme *(m.)*
air mail par avion
airport aéroport *(m.)*
alarm clock réveille-matin *(m.)*
album album *(m.)*
all tout, toutes, tous
alone seul(e)
already déjà
also aussi
always toujours
A.M. du matin
American américain(e)
among entre
angry fâché(e)
ankle cheville *(f.)*
announcement annonce *(f.)*

annoy (someone) énerver (quelqu'un)
annoying pénible
answer répondre (à)
anticipate prévoir
apartment appartement *(m.)*
apartment building immeuble *(m.)*
appetizer hors-d'œuvre *(m.)*
apple pomme *(f.)*
appliances électroménager
apply makeup se maquiller
appointment rendez-vous *(m.)*
April avril
architecture architecture *(f.)*
area code indicatif *(m.)* régional
arena arène *(f.)*
argue se disputer
armchair fauteuil *(m.)*
arms bras *(m.)*
around autour (de)
arrest arrêter
arrival arrivée *(f.)*
arrive arriver
as comme; **as many (as)** autant de
ask (a question) poser (une question); **ask (for)** demander; **ask for directions** demander son chemin
asparagus asperges *(f.)*
aspirin aspirine *(f.)*
assault agression *(f.)*
assault someone agresser
assignment (homework) devoir *(m.)*
assistant assistant(e)
attach attacher

attend (to) s'occuper (de)
attend assister
August août
aunt tante *(f.)*
automatic teller machine distributeur *(m.)* de billets
automobile voiture *(f.)*
autumn automne *(m.)*
avenue avenue *(f.)*

B

back dos *(m.)*
back pack sac *(m.)* à dos
back yard jardin *(m.)*
bad mal, mauvais(e)
bag sac *(m.)*
baggage claim livraison *(f.)* des bagages
baked au four
bakery boulangerie *(f.)*
balcony balcon *(m.)*
banana banane *(f.)*
banker banquier *(m.)*
basketball basket-ball *(m.)*
bathing suit maillot *(m.)* de bain
bathing trunks slip *(m.)* de bain
bathroom salle *(f.)* de bains; **bathroom sink** lavabo *(m.)*
bathtub baignoire *(f.)*
be être; **be ... years old** avoir... ans; **be able** pouvoir; **be bad** faire mauvais; **be beautiful (weather)** faire beau; **be bored** s'ennuyer; **be born** naître; **be cold** faire froid; **be cool** faire frais; **be familiar with** connaître; **be hot** avoir

chaud; **be hungry** avoir faim; **be in the midst of** être en train de; **be located** se trouver; **be nice (weather)** faire bon; **be ready** être prêt(e); **be sunny** faire du soleil; **be thirsty** avoir soif; **be used to (something)** avoir l'habitude de; **be windy** faire du vent

beach plage *(f.)*
beard barbe *(f.)*
beautiful beau (belle)
because parce que
become devenir
bed lit *(m.)*
beef bœuf *(m.)*
beer bière *(f.)*
before avant
begin commencer
Belgian belge
Belgium Belgique *(f.)*
believe croire
belt ceinture *(f.)*
beside à côté de
better mieux, meilleur(e) (que)
between entre
bicycle vélo *(m.)*
bidet bidet *(m.)*
bill addition *(f.)*
birthday anniversaire *(m.)*
black noir(e)
blackboard tableau *(m.)* noir
blond blond(e)
blouse chemisier *(m.)*
blue bleu(e)
board monter à bord, embarquer *(a plane)*
boarding gate porte *(f.)*
boarding pass carte *(f.)* d'embarquement
boat bateau *(m.)*
book livre *(m.)*
book and stationery store librairie-papeterie *(f.)*
book of stamps carnet *(m.)* de timbres
boots bottes *(f.)*
boring ennuyeux(-euse), pénible
boss, head chef *(m.)*
bottle bouteille *(f.)*

boulevard boulevard *(m.)*
boutique boutique *(f.)*
bowl bol *(m.)*
boy garçon *(m.)*
bracelet bracelet *(m.)*
bread pain *(m.)*, baguette *(f.)*
breakfast petit déjeuner *(m.)*
Breton breton(ne)
bridge pont *(m.)*
bright vif, vive
bring apporter
broccoli brocoli *(m.)*
broiled grillé(e)
brother frère *(m.)*
brown brun(e), marron
brush brosse *(f.)*
brush se brosser
bunch botte *(f.)*
burglar cambrioleur(-euse)
burglarize cambrioler
burglary cambriolage *(m.)*
business entreprise *(f.)*
businessman homme *(m.)* d'affaires
businesswoman femme *(f.)* d'affaires
butcher shop boucherie *(f.)*
butter beurre *(m.)*
buy acheter

C

cabaret cabaret *(m.)*
cafe-restaurant brasserie *(f.)*
cafeteria cafétéria *(f.)*, self-service *(m.)*
cake gâteau *(m.)*
calculator calculatrice *(f.)*
call appel *(m.)*
call appeler
calm calme
camera appareil photo *(m.)*
campground camping *(m.)*
Canada Canada *(m.)*
Canadian canadien(ne)
cap casquette *(f.)*
carafe carafe *(f.)*
career carrière *(f.)*
carpet tapis *(m.)*
carrot carotte *(f.)*

carry-on bag bagage *(m.)* à main
carry out réaliser
carry the thunder charrier du tonnerre
cartoon dessin *(m.)* animé
cashier caissier(-ière)
cassette cassette *(f.)*
castle château *(m.)*
cat chat *(m.)*
cathedral cathédrale *(f.)*
cauliflower choux-fleurs *(m.)*
ceiling plafond *(m.)*
cellar cave *(m.)* *(often a wine cellar)*
CEO PDG *(m.)*
chain chaîne *(f.)*
chair chaise *(f.)*
chalk craie *(f.)*
change changer
change monnaie *(f.)*
channel chaîne *(f.)*
check addition *(f.)*, chèque *(m.)*
checkers dames *(f.)*
cheese fromage *(m.)*
cherry cerise *(f.)*
chess échecs *(m.)*
chest poitrine *(f.)*
chest of drawers commode *(f.)*
chicken poulet *(m.)*
child enfant *(m., f.)*
china closet buffet *(m.)*
China Chine *(f.)*
Chinese chinois(e)
choice choix *(m.)*
choose choisir
chopped hâché(e)
church église *(f.)*
city ville *(f.)*
class classe *(f.)*
classic classique
classified ad annonce *(f.)* classée, petite annonce
clientele, customers clientèle *(f.)*
cliff falaise *(f.)*
climate climat *(m.)*
climb monter
closet placard *(m.)*
closets armoire *(f.)*
clothing vêtement *(m.)*

Coca-Cola Coca(-Cola) *(m.)*
coffee café *(m.)*
coin pièce *(f.)*
cold froid(e)
cold rhume *(m.)*
cold cuts charcuterie *(f.)*
color couleur *(f.)*
comb one's hair se peigner
come venir; **come back** revenir; **come down** descendre *(a vehicle)*
comedy comédie *(f.)*
comfortable confortable
comic book bandes *(f.)* dessinées
commercial annonce *(f.)*, spot *(m.)* publicitaire, publicité *(f.)*
compact disk compact disc *(m.)*, CD *(m.)*
company compagnie (f.), société (f.), firme *(f.)*
company entreprise *(f.)*
compare comparer
complete (a film) réaliser
computer ordinateur *(m.)*
concert concert *(m.)*
confront affronter (un problème)
connecting flight correspondance *(f.)*
connection correspondance *(f.)*
consult consulter
consumer consommateur(-trice)
content content(e)
convenience store superette *(f.)*
cook cuisiner
cookie petit gâteau *(m.)*
corner coin *(m.)*
cosmetics produits *(m.)* de beauté
cost of living coût *(m.)* de la vie
costume jewelry bijou *(m.)* fantaisie
cough toux *(f.)*
countryside campagne (f.), paysage *(m.)*
course cours *(m.)*
cousin cousin(e)
crab crabe *(m.)*
crazy fou (folle)
cream crème *(f.)*

credit card carte *(f.)* de crédit, carte bancaire
crepe crêpe *(f.)*
crime crime *(m.)*
crime report constat *(m.)*
criminal criminel(le)
croissant croissant *(m.)*
cross (a street) traverser
cruise rouler
cup tasse *(f.)*
curious curieux(-euse)
currency devise *(f.)*; **currency exchange** bureau *(m.)* de change
customer client(e)
customs douane *(f.)*
customs officer douanier(-iere)
cut (a class) sécher

D

daily quotidien(ne)
dairy shop crèmerie-fromagerie *(f.)*
dance danser
dancer danseur(-euse)
dark foncé(e) *(color)*
date from dater (de)
daughter fille *(f.)*
day jour (m.), journée *(f.)*
decaffeinated décaféiné
December décembre
decide décider
declare (at customs) déclarer
delicatessen charcuterie *(f.)*
demand demander
dentist dentiste *(m.)*
department rayon *(m.)* *(in a store)*; **department store** grand magasin *(m.)*
describe décrire
desk table *(f.)* de travail
dessert dessert *(m.)*
destination destination *(f.)*
dial composer; **dial a number** composer un numéro
dialect dialecte (m.), patois *(m.)*
dictionary dictionnaire *(m.)*
die mourir

difficult difficile
dining hall réfectoire *(m.)*
dining room salle *(f.)* à manger
dinner dîner *(m.)*
diploma, degree diplôme *(m.)*
direction direction *(f.)* *(indicates a subway line in Paris)*
director metteur *(m.)* en scène (film or theater)
director or head of a company directeur(-trice) *(m.)*
director or producer réalisateur(-trice)
disadvantage, drawback inconvénient *(m.)*
disagreeable désagréable
discount store magasin *(m.)* populaire
discuss discuter
disembark débarquer
dish assiette *(f.)*
dishwasher lave-vaisselle *(m.)*
dislike détester
disobey désobéir
distrust se méfier (de)
dive plonger
divorce divorcer
do, make faire; **do housework** faire le ménage *(m.)*
doctor médecin (m.), docteur *(m.)*
documentary documentaire *(m.)*
dog chien *(m.)*
door porte *(f.)*
downtown centre *(m.)*
dozen douzaine *(f.)*
drama drame *(m.)*
dream rêver
dress robe *(f.)*; tenue *(f.)* *(outfit, appearance)*
drink boire
drink boisson *(f.)*, consommation *(f.)*
driver chauffeur *(m.)*
duck canard *(m.)*
dynamic dynamique

E

each chaque; **each one** chacun(e)
ear oreille *(f.)*

earn gagner
earrings boucles (f.) d'oreilles
easy facile
eat manger; **eat well** bien manger
eclair éclair (m.)
economical économique
egg œuf (m.)
eight huit
eighteen dix-huit
eighty quatre-vingts; **eighty-one** quatre-vingt-un
elbow coude (m.)
elderly âgé(e)
electrician électricien(ne)
elegant élégant(e)
elevator ascenseur (m.)
eleven onze
employment emploi (m.)
energetic énergique
engineer ingénieur (m.)
England Angleterre (f.)
English anglais(e)
enjoy oneself s'amuser
enough (of) assez (de)
erase effacer
eraser brosse (f.) (blackborad), gomme (f.) (pencil)
errands courses (f.)
espadrilles espadrilles (f.)
exam examen (m.)
excellent excellent(e)
exchange money changer de l'argent
exchange rate taux (m.) de change
excursion, short trip excursion (f.)
excuse me pardon
exhibition exposition (f.)
expensive cher(-ère)
experience éprouver
eye œil (m.); **eyes** yeux (m.)

F

face visage (m.)
face (a problem) affronter (un problème)
factory usine (f.)

fail échouer, rater
fall tomber
far (from) loin (de)
farm ferme (f.)
fast rapide, vite; **fast food restaurant** fast-food (m.)
fasten (a seat belt) attacher
father père (m.)
father-in-law beau-père (m.)
fatigue fatigue (f.)
favorite préféré(e)
fear peur (f.)
February février
feel éprouver
feel good (bad) se sentir bien (mal)
fever fièvre (f.)
field champ (m.)
fifteen quinze
fight se disputer
filet (of beef, etc.) filet (m.)
fill a prescription préparer une ordonnance
film pellicule (f.)
finger doigt (m.)
finish finir
fireplace cheminée (f.)
firm firme (f.)
first premier(-ière)
fish poisson (m.); **fish store** poissonnerie (f.)
five cinq
flight attendant steward (m.), hôtesse (f.) de l'air
floor étage (m.)
flower fleur (f.)
flu grippe (f.)
follow suivre
food alimentation (f.)
foot pied (m.)
for pour
foreign exchange office bureau (m.) de change
foresee prévoir
forest forêt (f.)
fork fourchette (f.)
forty quarante
four quatre
fourteen quatorze
France France (f.)

free libre
freedom liberté (f.)
French français(e)
French-fried potato pomme (f.) de terre frite
Friday vendredi
fried frit(e)
friend ami(e); **friend, pal** copain (m.), copine (f.)
frightful affreux
from where d'où
fruit fruits (m.)
function, work fonctionner
funny drôle, amusant(e)
future avenir (m.)

G

game jeu (m.); **game show** jeu télévisé
gang bande (f.)
garage garage (m.)
garden jardin (m.)
gas essence (f.)
German allemand(e)
Germany Allemagne (f.)
get: get a tan se bronzer; **get divorced** divorcer; **get dressed** s'habiller; **get engaged** se fiancer; **get information** se renseigner; **get on/in** monter (a vehicle); **get out of** descendre (a vehicle); **get sick** tomber malade; **get up** se lever
gift cadeau (m.)
girl fille (f.)
give back rendre
give change (to someone) rendre la monnaie
give donner
glass verre (m.)
glasses lunettes (f.)
glove gant (m.)
go aller, descendre, se rendre à; **go camping** faire du camping; **go cross-country skiing** faire du ski de fond; **go cycling** faire du vélo; **go fishing** faire de la pêche; **go horseback riding**

faire du cheval; **go ice-skating** faire du patinage; **go marketing** faire le marché; **go mountain climbing** faire de l'alpinisme; **go shopping** faire du shopping; **go skiing** faire du ski; **go to** à destination de; **go to bed** se coucher; **go to the check-out, pay the cashier** passer à la caisse; **go up** monter; **go waterskiing** faire du ski nau-tique; **go wind surfing** faire de la planche à voile

good bon(ne)

good-bye au revoir

grades note (f.)

gram gramme (m.)

granddaughter petite-fille (f.)

grandfather grand-père (m.)

grandmother grand-mère (f.)

grandparents grands-parents (m.)

grandson petit-fils (m.)

grape vine vigne (f.)

great grand(e), super

green beans haricots (m.) verts

green vert(e)

grey gris(e)

grilled grillé(e)

grocery store épicerie (f.)

ground (street) floor rez-de-chaussée (m.)

ground hâché(e)

group bande (f.)

guide guide (m.)

H

habit habitude (f.)

hair cheveux (m.)

ham jambon (m.)

hand main (f.)

handbag un sac (m.) à main

handkerchief mouchoir (m.)

happy heureux(-euse)

hard dur(e)

hardware bricolage (m.)

hat chapeau (m.)

hate détester

have avoir; **have a good time**

s'amuser; **have children** avoir des enfants; **have dinner** dîner; **have lunch** déjeuner; **have pain in** avoir mal à; **have something eat or drink** prendre

hazel noisette

he/she/it is c'est

head tête (f.)

head of lettuce laitue (f.)

headache mal (m.) de tête

headed for en direction (de)

hear entendre

heat chaleur (f.)

heavy-set gros(se)

hello bonjour

helmet casque (m.)

here is/are, there is/are voilà

hi salut

high-top sneakers baskets (m.)

hike randonnée (f.)

hill colline (f.)

historical historique

history histoire (f.)

homeless person sans-abri (m.)

homework devoirs (m.)

honeymoon voyage (m.) de noces

hope espoir

hope espérer

horror épouvante (f.), horreur (f.)

hot chaud(e); **hot chocolate** chocolat (m.); **hot dish** plat (m.) chaud

hotel hôtel (m.)

house maison (f.)

housing logement (m.)

how comment

hurry se dépêcher

husband mari (m.)

I

ice cream glace (f.)

ice skates patins (m.)

ID pièce (f.) d'identité

if si

impatient impatient(e)

in dans; **in back of** derrière; **in cash** en liquide; **in cash**

en espèces; **in front of** devant; **in spite of** malgré; **in the middle** au milieu; **in your opinion** à votre avis

included inclus(e), compris(e)

indicate indiquer

indigestion indigestion (f.)

indispensable indispensable

industrialist industriel(le)

inhabitant habitant(e)

inside dedans

intelligent intelligent(e)

intense vif (vive)

interesting intéressant(e)

interpreter interprète

intersection carrefour (m.)

interview interview (f.)

interview interviewer

introduce présenter (someone to another person); **introduce each other** se présenter; **introduce oneself** se présenter

invent inventer

investigative journalism enquête (f.)

Italian italien(ne)

Italy Italie (f.)

J

jacket veste (f.), blouson (m.)

January janvier

Japan Japon (m.)

Japanese japonais(e)

jeans jean (m.)

jewelry bijoux (m.)

jewelry store bijouterie (f.)

job emploi (m.)

jogging jogging (m.)

jostle bousculer

journalist journaliste

July juillet

jump the waves sauter les vagues

June juin

K

kill tuer

kilogram kilo (m.)

kitchen cuisine *(f.)*; **kitchen cabinets** éléments *(m.)* de cuisine; **kitchen sink** évier *(m.)*
knee genou *(m.)*
knife couteau *(m.)*
know connaître, savoir

L

lake lac *(m.)*
lamb agneau *(m.)*
lamp lampe *(f.)*
land atterrir *(plane)*
landing atterrissage *(m.)*, *(at an airport)*
later plus tard
lawyer avocat(e)
learn apprendre
leather en cuir; **leather goods** maroquinerie
leave sortir, partir, quitter, débarquer *(a plane)*
lecture hall amphithéâtre *(m.)*
left gauche *(f.)*
leg jambe *(f.)*
leisure activity loisir *(m.)*
lemon citron *(m.)*
less moins
lesson leçon *(f.)*
letter lettre *(f.)*
lettuce laitue *(f.)*
library bibliothèque *(f.)*
light lumière *(f.)*
light brown châtain
light-colored clair(e)
lights éclairage *(m.)* électrique
like comme
like aimer
line ligne *(f.) (subway or bus)*, queue *(f.) (of people)*
lingerie lingerie *(f.)*
liqueur digestif *(m.) (after dinner drink)*
listen écouter (to)
liter litre *(m.)*
little petit(e), peu (de)
live (reside) habiter
living room salle *(f.)* de séjour
loafers mocassins *(m.)*

lobster homard *(m.)*
lock up enfermer
long long(ue)
look (at) regarder
look look *(m.)*
look avoir l'air; **look for** chercher
lose perdre
lots (of) plein (de)
lousy moche
love adorer
low-cut sneakers tennis *(m.)*
lozenge pastille *(f.)*
luggage bagages *(m.)*
lunch déjeuner *(m.)*

M

made up maquillé(e)
mail courrier *(m.)*
mailbox boîte *(f.)* aux lettres
main course plat *(m.)* principal
maitre d' maître *(m.)* d'hôtel
make faire; **make (e.g., un film)** réaliser; **make an appointment** prendre rendez-vous; **make a phone call** donner un coup de fil *(pop.)*; **make the bed** faire le lit
mall centre *(m.)* commercial
man homme *(m.)*
manual laborer ouvrier(-ière)
manufacturer industriel(le)
map carte *(f.)*, plan *(m.)*
March mars
marital status état *(m.)* civil
mark, leave an impression marquer
market marché *(m.)*
married marié(e)
marry se marier
martial arts arts *(m.)* martiaux
masterpiece chef-d'œuvre *(m.)*
match match *(m.)*
May mai
maybe peut-être
mayonnaise mayonnaise *(f.)*
meal repas *(m.)*
meat viande *(f.)*
meet retrouver

melon melon *(m.)*
menu carte *(f.)*
merchant commerçant *(m.)*
Mexican mexicain(e)
Mexico Mexique *(m.)*
microwave oven four *(m.)* à micro-ondes
midnight minuit *(m.)*
mild doux (douce) *(weather)*
milk lait *(m.)*
mirror miroir *(m.)*
miscellaneous divers
modern moderne
Monday lundi
money (cash) argent *(m.)* (liquide)
month mois *(m.)*
moped mobylette *(f.)*
mother mère *(f.)*
mother-in-law belle-mère *(f.)*
motorist automobiliste
mountain montagne *(f.)*
mousse mousse *(f.)*
mouth bouche *(f.)*
move bouger
movie film *(m.)*, cinéma *(m.)*; **movie star** star *(f.)*; vedette *(f.)*
much beaucoup (de); **much (of)** trop (de)
mugging agression *(f.)*
murder meurtre *(m.)*
murderer meurtrier *(m.)*
museum musée *(m.)*; **museum collection** collection *(f.)*
mushroom champignon *(m.)*
music musique *(f.)*
musical comedy comédie *(f.)* musicale
musician musicien(ne)
mussels moules *(f.)*
mustache moustache *(f.)*
mustard moutarde *(f.)*

N

name nom *(m.)*
napkin serviette *(f.)*
nationality nationalité *(f.)*
nausea nausées *(f.)*
near près (de)

necessary nécessaire
neck cou (m.)
necklace collier (m.)
need avoir besoin de
neighbor voisin(e)
neighborhood quartier (m.)
nephew neveu (m.)
nervousness agitation (f.)
network chaîne (f.)
never jamais, ne... jamais
new neuf(-ve), nouveau(-elle)
news information (f.)
newspaper journal (m.)
next to à côté de
nice, likable sympathique
niece nièce (f.)
night table table (f.) de nuit
nine neuf
nineteen dix-neuf
ninety quatre-vingt-dix
no more, no longer ne... plus
noise bruit (m.)
noon midi (m.)
Norman normand(e)
nose nez (m.)
not bad pas mal
not yet ne... pas encore
notebook cahier (m.)
notes note (f.)
notice remarquer
November novembre
nurse infirmier(-ière)

O

obey obéir
occupation métier (m.)
occur arriver
October octobre
of course bien sûr
offer offre (f.)
office, desk bureau (m.)
oil huile (f.)
old ancien(ne), vieux (vieille)
olive tree olivier (m.)
on sur; **on sale** en réclame, en solde
one un(e)
onions oignons (m.)
open-air en plein air
opera opéra (m.)

opposite en face (de)
optimistic optimiste
orange (color) orange; (fruit) orange (f.)
order commande (f.)
order commander
outing sortie (f.)
outside dehors
oven four (m.)
overcoat manteau (m.)
overtake dépasser
owe devoir
oyster huître (f.)

P

package paquet (m.)
painting peinture (f.), tableau (m.)
palace palais (m.)
pantry placard (m.)
panty-hose collants (m.)
parcel colis (m.)
parents parents (m.)
parka anorak (m.)
parking stationnement (m.); **parking lot, garage** parking (m.)
party boum (f.)
pass (an exam) réussir (à); **pass (something)** passer
pass by dépasser
passenger passager(-ère)
passport passeport (m.)
pastry chef pâtissier(-ière)
pastry shop pâtisserie (f.)
pâté pâté (m.)
patient patient(e)
patient malade (m., f.)
pay (for) payer
peach pêche (f.)
pear poire (f.)
peas petits pois (m.)
pedestrian piéton (m.)
pen stylo (m.)
pencil crayon (m.)
people gens (m.)
pepper poivre (m.)
performance spectacle (m.)
perfume parfum (m.); **perfume store** parfumerie (f.)
perhaps peut-être

persons personnes (f.)
pessimistic pessimiste
pharmacist pharmacien(ne)
phone (someone) téléphoner (à)
phone appareil (m.); **phone booth** cabine (f.) téléphonique; **phone call** coup (m.) de fil
phonograph record disque (m.)
photograph photo (f.)
photography photo (f.)
physician médecin (m.)
picturesque pittoresque
pill pilule (f.)
pink rose
place a stamp (on) timbrer
place endroit (m.)
place mettre
place setting couvert (m.)
plane avion (m.)
plate assiette (f.)
play jouer (à / de)
play pièce (f.) (de théâtre)
playing cards cartes (f.)
plaza place (f.)
please s'il vous plaît, s'il te plaît (fam.)
pleased to meet you enchanté(e)
pleasure plaisir (m.)
plum prune (f.)
plumber plombier (m.)
P.M. de l'après-midi (m.), du soir (m.)
police officer (municipal) agent (m.) de police, gendarme (m.) (national)
police station poste (m.) de police, commissariat (m.) (central)
polish polir
politician politicien(ne)
pollution pollution (f.)
poor pauvre
pork porc (m.)
port port (m.)
position poste (m.)
post card carte (f.) postale
postal clerk postier(-ière)
poster affiche (f.)
potato pomme (f.) de terre
poultry volaille (f.)

pound (half-kilo) livre *(f.)*
prefer préférer
preferred préféré(e)
prepare (for) préparer
prescription ordonnance *(f.)*
present présenter
pretty joli(e)
price prix *(m.)*
product produit *(m.)*
profession profession *(f.)*
professor, teacher professeur *(m.)*, prof *(m., f.)*
program, show émission *(f.)*
programmer programmeur(-euse)
projector projecteur *(m.)*
propose proposer
provisions, food for meals provisions *(f.)*
pullover pull *(m.)*
punish punir
purchases achats *(m.)*
purple violet(te)
put mettre; **put on (clothing)** mettre

Q

quarrel se disputer (avec)
quickly vite

R

radio radio *(f.)*
radish radis *(m.)*
rain pluie *(f.)*
rain pleuvoir
raincoat imperméable *(m.)*
rapid rapide
raw vegetables, served as an appetizer crudités *(f.)*
read lire
reading lecture *(f.)*
receive recevoir
receiver combiné *(m.)*
reception, registration desk réception *(f.)*
red rouge, roux (rousse0
reed roseau *(m.)*
refrigerator réfrigérateur *(m.)*

register, check (luggage) enregistrer
registered en recommandé
registration desk réception *(f.)*
relatives parents *(m.)*
relax se reposer
remain, stay rester
remarry se remarier
remedy remède *(m.)*
reporter journaliste
request demander
reservation réservation *(f.)*
reserve (a table) réserver
reserve retenir
respect respecter
responsible responsable
rest se reposer
restaurant restaurant *(m.)*
restlessness agitation *(f.)*
résumé curriculum *(m.)* vitae
retrieve (luggage) récupérer
return, come back revenir
rice riz *(m.)*
rich riche
ride around, cruise rouler
right droite *(f.)*; **right there** juste là
ring bague *(f.)*
ring sonner
river fleuve *(m.)*
road route *(f.)*; **road map** carte *(f.)* routière
roast rôti *(m.)*
robbery vol *(m.)*
rock rocher *(m.)*
roll petit pain *(m.)*
Roman romain(e)
Roman ruin ruine *(f.)* romaine
room chambre *(f.)*
rug tapis *(m.)*
Russia Russie *(f.)*
Russian russe

S

sad triste
salad salade *(f.)*
salary salaire *(m.)*
sale soldes *(m.)*
salesperson vendeur(-euse)

salmon saumon *(m.)*
salt sel *(m.)*
same même
sandals sandales *(f.)*
sandwich sandwich *(m.)*
sardines sardines *(f.)*
Saturday samedi
saucer soucoupe *(f.)*
sausage saucisse *(f.)*, saucisson *(m.)*
sautéed sauté
say dire
scallops coquilles *(f.)* Saint-Jacques
scarf foulard *(m.)*
schedule horaire *(m.)*
school école *(f.)*; **school cafeteria** cantine *(f.)*
science fiction science-fiction *(f.)*
scientist scientifique
scooter scooter *(m.)*
screen écran *(m.)*
sculpture sculpture *(f.)*
sea mer *(f.)*
seacoast côte *(f.)*
seafood fruits *(m.)* de mer
seashore au bord de la mer
seat siège *(m.)*
seat belt ceinture *(f.)* de sécurité
second deuxième
secretary secrétaire
see voir; **see you tomorrow** à demain; **see you in a while** à tout à l'heure
self-service store libre-service *(m.)*
sell vendre
send envoyer
Senegal Sénégal *(m.)*
Senegalese sénégalais(e)
September septembre
serial feuilleton *(m.)*
serious sérieux(-euse)
serve oneself se servir
service charge service *(m.)*
seven sept
seventeen dix-sept
seventy soixante-dix
shave se raser
shelves étagère *(f.)*

teaching enseignement

telephone téléphone (m.); **telephone directory** annuaire (m.); **telephone number** numéro (m.) de téléphone

televised télévisé(e)

television télévision (f.); **television program guide** programme (m.) de télévision

teller caissier(-ière)

temperature température (f.)

ten dix

terminal terminus (m.)

terrible affreux(-euse)

terrific super

thank you (very much) merci (beaucoup)

then, also puis

there is/are il y a

they are ce sont

thief voleur(-euse)

thin mince

think croire

third troisième

thirteen treize

thirty trente

thousand mille

three trois

throat gorge (f.)

Thursday jeudi

ticket billet (m.)

tie cravate (f.)

tights collants (m.)

timid timide

tip pourboire (m.)

today aujourd'hui

toe doigt (m.) de pied

toilet cabinet (m.) de toilette, W.-C. (m.)

tomato tomate (f.)

tomorrow demain

too aussi

tooth dent (f.)

touch toucher

tour bus autocar (m.)

tourist attraction curiosité (f.)

toy jouet (m.)

trade métier (m.)

tradition tradition (f.)

traffic circulation (f.); **traffic jam** embouteillage (m.)

train train (m.); **train station** gare (f.)

transfer correspondance (f.)

transistor radio transistor (m.)

travel voyager

traveler's check traveller's chèque (m.)

tree arbre (m.)

trousers pantalon (m.)

trout truite (f.)

try on essayer

Tuesday mardi

tuna thon (m.)

turkey dinde (f.)

turn on mettre

turn tourner

twelve douze

twenty vingt

two deux

typewriter machine (f.) à écrire

U

umbrella parapluie (m.)

uncle oncle (m.)

under sous

underpants slip (m.)

understand comprendre, entendre

underwear sous-vêtement (m.)

United States Étas-Unis (m.)

until jusqu'à

V

vacation vacances (f.); **vacation resort** village (m.) de vacances

valley vallée (f.)

varied varié(e)

variety show spectacle (m.) de variétés

variety store magasin (m.) populaire

VCR magnétoscope (m.)

veal veau (m.)

vegetables légumes (m.)

very très: **very bad** très mal; **very well** très bien

veterinarian vétérinaire (m.)

victim victime (f.)

video camera un caméscope

videocassette vidéocassette (f.)

Vietnam Vietnam (m.)

Vietnamese vietnamien(ne)

villa pavillon (m.)

village village (m.)

vinegar vinaigre (m.)

vineyard vignoble (m.)

violent violent(e)

visit (a place) visiter; **visit (someone)** rendre visite à

visit visite (f.), consultation (f.)

W

wait (for) attendre; **wait in line** faire la queue

waiter garçon (m.), serveur (m.)

waiting room salle (f.) d'attente

waitress serveuse (f.)

wake up se réveiller

walk promenade (f.)

walkman walkman (m.)

wall mur (m.)

wallet portefeuille (m.)

want vouloir; **want (to)** avoir envie (de)

war guerre (f.)

wardrobe armoire (f.)

wash oneself se laver; **wash the dishes** laver la vaisselle

waste basket corbeille (f.)

water (mineral) eau (f.) (minérale)

wear porter

wedding trip voyage (m.) de noces

Wednesday mercredi

week semaine (f.)

weekend week-end (m.)

weigh peser

welcome accueillir

well bien

western western (m.)

what quel(le)

wheat bread pain *(m.)* de froment

where où

which quel(le); **which one** lequel (laquelle)

while (doing something) pendant (que)

white blanc(he)

who qui

wife femme *(f.)*

wind vent *(m.)*

window guichet *(m.) (in a bank or post office)*

wine vin *(m.)*; **wine list** carte *(f.)* des vins

winter hiver *(m.)*

wish vouloir

with avec; **with (private) bathroom** avec salle de bains; **with shower/toilet** avec douche/W.-C.

woman femme *(f.)*

work travail *(m.)*; **work table** table *(f.)* de travail

work travailler

wrist poignet *(m.)*

write écrire

writer écrivain(e) *(m.)*

Y

year année *(f.)*

yellow jaune

you tu, vous; **You're welcome. It's nothing** de rien, je vous en prie

young jeune

youth center Maison *(f.)* des jeunes

youth hostel auberge *(f.)* de jeunesse

Z

zero zéro

zip code code *(m.)* postale